青少年人生礼仪指导丛书

青少年体育比赛中应该懂得的礼仪

本书编写组◎编

展现内在涵养　拥有美丽生活

世界图书出版公司
广州·北京·上海·西安

图书在版编目（CIP）数据

青少年体育比赛中应该懂得的礼仪 /《青少年体育比赛中应该懂得的礼仪》编写组编 . —广州：广东世界图书出版公司，2010. 5（2024.2 重印）

ISBN 978 - 7 - 5100 - 1588 - 5

Ⅰ. ①青… Ⅱ. ①青… Ⅲ. ①运动竞赛 - 礼仪 - 青少年读物 Ⅳ. ①G808. 2 - 49

中国版本图书馆 CIP 数据核字（2010）第 083894 号

书　　名	青少年体育比赛中应该懂得的礼仪 QINGSHAONIAN TIYU BISAIZHONG YINGGAI DONGDE DE LIYI
编　　者	《青少年体育比赛中应该懂得的礼仪》编写组
责任编辑	王　红　张梦婕
装帧设计	三棵树设计工作组
出版发行	世界图书出版有限公司　世界图书出版广东有限公司
地　　址	广州市海珠区新港西路大江冲 25 号
邮　　编	510300
电　　话	020-84452179
网　　址	http://www.gdst.com.cn
邮　　箱	wpc_gdst@163.com
经　　销	新华书店
印　　刷	唐山富达印务有限公司
开　　本	787mm × 1092mm　1/16
印　　张	10
字　　数	120 千字
版　　次	2010 年 5 月第 1 版　2024 年 2 月第 10 次印刷
国际书号	ISBN　978-7-5100-1588-5
定　　价	48.00 元

前　言

礼仪是一种世界性的文化现象，而体育作为人类社会文化的重要组成部分之一，从一开始便受到礼仪的影响。东西方体育发展史表明，文明孕育了体育，体育又推动着文明，而体育文明最重要的表现形式就是体育礼仪。青少年在日常生活中，有许多体育礼仪知识需要认识、了解。

体育比赛礼仪是指人们在体育活动中，以道德为核心，按一定的程序和规则来表现公平竞争、律己敬人的行为准则和规范，它是体育文明的重要标志。体育礼仪的内涵是以文明和道德风尚来捍卫和弘扬“相互了解、友谊、团结和公平竞争”的体育精神。

体育礼仪作为一种体育文化，根本意义是尊重参与体育运动的每一个人。体育运动是群众性活动，所以参加的人不可避免地存在着各种差异，特别是大型国际赛事，来自各国的运动员、教练员、裁判员和观众的肤色、衣着、语言、生活习惯以及行为表达方式等都不尽相同。如果青少年们都能够懂礼仪、知礼仪、行礼仪，将来才能够更好地协调和维系体育赛事方方面面的工作，从而为体育运动创造出一种和谐与友好的氛围，这样不仅使体育工作者能以比较客观和公正的态度来看待别人和自己，还使运动员能够虚心地吸取别人精湛的技艺，不断丰富自己。

体育运动强调强身健体，体育比赛则上升到竞技与竞争，在这个过程中，如果参与人员不懂得礼仪的话则有可能违背体育运动的根本性质，为了赢得奖牌和荣誉而破坏和谐，使体育运动得不到健康的发展，所以青少年学习和了解体育礼仪显得尤为重要。

在赛场上观众群体是不可缺少的一部分，为了鼓励自己的同胞而摇旗呐喊，擂鼓震天，使得运动健儿们备受鼓舞，英姿勃发，发挥得更加出色，这样的情况是我们所期望看到的。体育比赛一般都比较激烈紧张，偶然性强，参与者的个性比较张扬，并且极易发生摩擦和冲突，如果观众不懂礼仪或没有自觉地践行礼仪，就可能破坏和谐的氛围。

体育运动涉及各种体育仪式、各项体育比赛及各类体育活动参加人员之间的相互关系。体育运动的特殊性决定了体育礼仪与其他活动礼仪不同。除了上面讲到的，本书还介绍了运动会仪式、发奖仪式和礼节及单项比赛应该懂得的礼貌礼节等。

希望青少年通过阅读本书，能够对一些基本的体育礼仪知识有所了解，争当文明的体育活动参与者。

目录

体育比赛中的服饰礼仪

单项比赛礼仪

观众礼仪

体育礼仪概述

体育和礼仪

体 育

“体育”一词的来源和演化

体育虽然有悠久的历史，然而“体育”一词却出现得较晚。在“体育”一词出现前，世界各国对体育这一活动过程的称谓都不相同。

“体育”一词，其英文是 physical education，指的是以身体活动为手段的教育，直译为身体的教育，简称为体育。

1762 年，卢梭在法国出版了《爱弥尔》一书。他使用“体育”一词来描述对爱弥尔进行身体的养护、培养和训练等身体教育过程。这本书激烈地批判了当时的教会教育，在世界引起很大反响，因此“体育”一词同时在世界各国流传开来。从这里我们可以清楚地看到，“体育”一词的最初产生是起自“教育”一词，它最早的含意是指教育体系中的一个专门领域。到 19 世纪，世界上教育发达国家都普遍使用了“体育”一词。

我国体育历史悠久，但“体育”却是一个外来词。19 世纪中叶，德国和瑞典的体操传入我国，随后清政府在兴办的洋学堂中设置了“体操课”。1902 年左右，一些在日本留学的学生引入了“体育”这一术语。1904 年湖北幼稚园开办章程中提到对幼儿进行全面教育时说：“保全身体之健旺，体育发达基地。”在 1905 年《湖南蒙养院教课说略》上也提到：“体育功夫，体操发达其表，乐歌发达其里。”

我国最早创办的体育团体是 1906 年上海的“沪西士商体育会”。1907 年我国著名女革命家秋瑾在绍兴也创办了体育会。同年，清朝学部的奏折中也开始有“体育”这个词。辛亥革命以后，“体育”一词就逐渐运用开来。

随着西方文化不断涌入我国，学校体育的内容也从单一的体操向多元化发展，课堂上出现了篮球、田径、足球等。许多有识之士提出不能把学校体育课称体操课了，必须理清概念层次。1923 年，在《中小学课程纲要草案》中，正式把“体操课”改为“体育课”。从此，“体育”一词成了标记学校中身体教育的专门术语。

体育的意义和概念

体育是人类社会发展中，根据生产和生活的需要，遵循人体身心的发展规律，以身体练习为基本手段，达到增强体质，提高运动技术水平，进行思想品德教育，丰富社会文化生活而进行的一种有目的、有意识、有组织的社会活动，是伴随人类社会的发展而逐步建立和发展起来的一个专门的科学领域。体育的概念通常有 3 种理解。

(1) 体育的广义概念，亦称“体育运动”，是指以身体练习为基本手段，以增强人的体质，促进人的全面发展，丰富社会文化生活和促进精神文明为目的的一种有意识、有组织的社会活动。它是社会总文化的一部分，其发展受一定社会的政治和经济的制约，并为一定社会的政治和经济服务。

(2) 体育的狭义概念，亦称“体育教育”，是一个发展身体，增强体质，传授锻炼身体的知识、技能，培养道德和意志品质的教育过程；是对人体进行培育和塑造的过程；是教育的重要组成部分；是培养人全面发展的一个重要方面。

(3) 竞技运动，亦称“竞技体育”，指为了战胜对手，取得优异运动成绩，最大限度地发挥和提高个人、集体在体格、体能、心理及运动能力等方面的潜力所进行的科学的、系统的训练和竞赛。含运动训练和运动竞赛两种形式。特点是：

①充分调动和发挥运动员的体力、智力、心理等方面的潜力；

②激烈的对抗性和竞赛性；

③参加者有充沛的体力和高超的技艺；

④按照统一的规则竞赛，具有国际性，成绩具有公认性；

⑤娱乐性。

当今世界所开展的竞技运动项目是社会历史的产物。早在公元前 700 多年的古希腊时代，就出现了赛跑、投掷、角力等项目，发展至今已有数百种之多。普遍开展的项目有田径、体操、篮球、排球、足球、乒乓球、羽毛球、举重、游泳、自行车等。各国、各地区还有自己特殊的民族传统项目，如中华武术，东南亚地区的藤球等。其发展与国家、地区的政治、经济、文化教育、科学技术密切相关。

礼　仪

礼仪的由来

礼仪作为人际交往的重要行为规范，它不是随意凭空臆造的，也不是可有可无的。了解礼仪的起源，有利于认识礼仪的本质，自觉地按照礼仪规范的要求进行社交活动。对于礼仪的起源，研究者们有各种观点，可大致归纳为以下几种。

有一种观点认为，礼仪起源于祭祀。东汉许慎的《说文解字》对“礼”字的解释是这样的：“禮也，所以示神致福也。”（“禮”为“礼”的繁体字）意思是实践约定的事情，用来给神灵看，以求得赐福。“礼”字是会意字，“示”指祭祀时盛祭品的器皿，从中可以分析出，“礼”字与古代祭祀神灵的仪式有关。古时祭祀活动不是随意进行的，它是严格地按照一定的程序、一定的方式进行的。郭沫若在《十批判书》中指出：“礼之起，起于祀神，其后扩展而为人，更其后而为吉、凶、军、宾、嘉等多种仪制。”这里讲到了礼仪的起源，以及礼仪的发展过程。

有一种观点认为，礼仪起源于法庭的规定。在西方，“礼仪”一词源于法语的“Etiguette”，原意是法庭上的通行证。古代法国为了保证法庭中活动的秩序，将印有法庭纪律的通告证发给进入法庭的每个人，作为遵守的规矩和行为准则。后来“Etiguette”一词进入英文，演变为“礼仪”的含义，成为人们交往中应遵循的规矩和准则。

另外还有一种观点认为，礼仪起源于风俗习惯。人是不能离开社会和群体的，人与人在长期的交往活动中，渐渐地产生了一些约定俗成的习惯，久而久之这些习惯成为了人与人交际的规范，当这些交往习惯以文字的形式被记录并同时被人们自觉地遵守后，就逐渐成为了人们交际固定的礼仪。遵守礼仪，不仅使人们的社会交往活动变得有序，有章可循，同时也能使人与人在交往中更具有亲和力。1922年《西方礼仪集萃》一书问世，开篇这样写道：“表面上礼仪有无数的清规戒律，但其根本目的在于使世界成为一个充满生活乐趣的地方，使人变得和易近人。”

从礼仪的起源可以看出，礼仪是在人们的社会活动中，为了维护一种

祭　祀

稳定的秩序，为了保持一种交际的和谐而应运而生的。一直到今天，礼仪依然体现着这种本质特点与独特的功能。

礼仪的概念

礼仪就是律己、敬人的一种行为规范，是表现对他人尊重和理解的过程和手段。

礼仪的“礼”字指的是尊重，即在人际交往中既要尊重自己，也要尊重别人。古人讲“礼仪者敬人也”，实际上是一种待人接物的基本要求。礼仪的“仪”字顾名思义，仪者仪式也，即尊重自己、尊重别人的表现形式。总之礼仪是尊重自己、尊重别人的表现形式，进而言之，礼仪其实就是交往艺术，就是待人接物之道。

礼仪是指人们在社会交往中受历史传统、风俗习惯、宗教信仰、时代潮流等因素影响而形成的，既为人们所认同，又为人们所遵守，以建立和谐关系为目的的各种符合交往要求的准则和规范的总和。总而言之，礼仪就是人们在社会交往活动中应共同遵守的行为规范和准则。

从个人修养的角度来看，礼仪可以说是一个人内在修养和素质的外在表现。

从交际的角度来看，礼仪可以说是人际交往中适用的一种艺术、一种交际方式或交际方法，是人际交往中约定俗成的示人以尊重、友好的习惯做法。

从传播的角度来看，礼仪可以说是在人际交往中进行相互沟通的技巧。

礼仪的作用

礼仪是人们生活和社会交往中约定俗成的，人们可以根据各式各样的礼仪规范，正确把握与外界的交往尺度，处理好人与人的关系。如果没有这些礼仪规范，往往会使人们在交往中感到手足无措，乃至失礼于人，闹出笑话。所以，熟悉和掌握礼仪，就可以做到触类旁通，待人接物恰到好处。

礼仪是塑造形象的重要手段。在社会活动中，交谈讲究礼仪，可以变得文明；举止讲究礼仪，可以变得高雅；穿着讲究礼仪，可以变得大方；行为讲究礼仪，可以变得美好……只要讲究礼仪，事情都会做得恰到好处。总之一个人讲究礼仪，就可以变得充满魅力。

礼仪和体育礼仪的内涵

中国古代体育，包括宫廷体育和民间娱乐，都有一个程式或规则来体现现代体育文化中的“礼”。例如，公元前11世纪至公元前771年在各种礼仪场合举行的射箭活动（也就是射礼），就严格按照礼仪规范进行，并在音乐的伴奏下完成动作，是体育与礼仪文化、教育和艺术相结合的典范。我国古代足球重要史料《鞠城铭》记载有“其例有常”，说的就是比赛始终要有一个稳定的竞赛规则，比赛双方都必须按照规则来进行，必须合乎竞赛的“礼”。这些都对后世体育礼仪的发展产生了深远的影响。

西方体育是在公元前8世纪至公元前5世纪的古希腊开始形成的。古希腊由城邦组成，战乱连年，各城邦为了战争都积极训练士兵，体育是培养能征善战士兵的有力手段。后来斯巴达王和伊利斯王签订了“神圣休战月”条约，为准备兵源而进行军事训练和体育竞技逐渐变为和平与友谊的运动会。古希腊是泛神论的民族，他们崇拜诸神。在祭神活动中，人们多以表现健康的裸体竞技和表现美的健身舞蹈与神同欢。这种宗教活动按一定的程式和规则逐渐演变成地方性竞技赛会。

从世界体育运动的发展史可以看出，体育活动一开始是带有政治和宗教色彩的，在表现形式上遵从某种程式或神圣的礼节。随着社会的发展和文明的进步，体育在为政治和宗教服务的同时，逐渐走向了自我发展的道路，竞技体育开始规范化和专业化，并纳入一系列规则和包括观众在内的各种不同形式的礼仪程式规范，最终形成了独具特色的体育文化和礼仪。

体育礼仪促进了体育文明。能对体育礼仪做充分诠释的，当属现代奥林匹克运动会。经过100多年发展的奥运会已经成为展示一个国家精神文明和礼仪文化的舞台。无论是隆重的开闭幕式、火炬传送仪式、优胜者游行、欢宴、接受桂冠等仪式，还是各个比赛项目独特的赛场文化，礼仪无处不在，并已经成为奥林匹克体育运动不可分割的一部分。现代社会经济、科技和教育的进步使体育规模和范围不断扩大，内容和形式愈加丰富多彩。交织在体育仪式、竞技、规则和观赏各方面的体育礼仪也在不断发展，并极大地促进了体育在力、美与激情上的和谐统一。

国际运动会开幕式的礼仪状况反映了东道国的精神面貌和文化底蕴；在赛场上，运动员、教练员和观众的礼仪表现反映出他们的素质高低，也间接反映了他们所在国家的文明程度。所以我们说，当运动员代表国家出现在国际体坛上时，他已不仅仅是一名运动员，还是一名传播民族精神文明的使者，他的一举一动都在影响着国家的形象和声誉，懂礼、知礼、行礼才能塑造良好形象。因此，塑造形象也是体育礼仪的另一大功能。体育礼仪的精神内涵是道德修养，外在表现是一系列的规范举止，塑造内外兼修的良好形象是体育礼仪的最终目的。体育运动的各种仪式都是某种形象的展示。

体育礼仪还有促进和谐的功能。

体育礼仪作为一种体育文化，根本意义是尊重参与体育运动的每一个人。体育运动是群众性活动，所以参加的人不可避免地存在着各种差异，特别是大型国际赛事，来自各国的运动员、教练员、裁判员以及观众的肤色、衣着、语言、生活习惯以及行为表达方式等都不尽相同。如果大家都懂礼仪、知礼仪、行礼仪，就能很好地协调和维系体育赛事工作方方面面，从而为体育运动创造出一种和谐与友好的氛围，使体育工作者能以比较客观和公正的态度来看待别人和自己，虚心地吸取别人精湛的技艺，不断丰富自己。

体育礼仪是一种道德上的规范，它告诉人们在体育活动中应该有什么样的言行举止。体育比赛激烈紧张，偶然性强，参与者的个性也比较张扬。运动员懂礼仪、自觉地践行礼仪，才能尊重裁判，遵守规程，尊重观众，从而尽最大可能展示自我风采；观众懂礼仪、自觉地践行礼仪，才能按体育项目的要求做到文明观赛。所以，倡导体育礼仪是创建赛场文明与和谐不可缺少的因素。

运动会仪式与礼仪

运动会的开幕式

举办大型的运动会，一般都安排象征运动会开始的开幕仪式。统筹安排并精心设计好运动会的开幕式，是一项比较艰巨而又复杂的工作。一次成功的开幕式，对于激发运动员的比赛热情，鼓舞他们的斗志，做好宣传与吸引千百万群众，有着重要的意义。

我国以往举办的几届全国运动会的经验表明，开幕式成功与否的关键之一，在于组织是否落实和领导是否有力。

承办运动会的开幕式，首先要成立人员精干的领导小组，其职责是领导、指挥、协调和监督开幕式的一切筹备、操练以及表演工作，并向整个运动会的组委会负责。在领导小组下，可设主题设计组、编导组、场地组、联络组、后勤组和治安组等。这些组的主要负责人，可以由领导小组成员兼职，也可以另外聘请。同时，领导小组应明确规定各自的任务。

主题设计组：主要负责大会开幕和闭幕仪式的程序设计，仪式的内容、主题思想以及表现方式。其中，主题思想的设计尤为重要，在考虑时间、地点、规模的基础上，使开幕式表演设计体现出时代性、民族性、艺术性和创造性。如我国第 5 届全运会和第 6 届全运会开幕式上的大型团体操，都很成功地体现了上述“四性”。主题设计组应由体育、文艺等方面的专家组成，并负责设计工作。

编导组：负责按主题设计提出的要求和任务组成若干表演组，并编排导演有关表演内容。编导组负责人由相关领域的专家担任，表演组则由基层学校、文艺团体、体育运动队以至工矿企业职工中选拔组成。

场地组：负责开幕式场地的布置

和维修工作，如草皮培植、花卉设计、通讯电路等等。

联络组：负责上下级组织、横向协作单位之间有关情况的联络、汇报和沟通工作，以便领导小组及时掌握工作和全局。

后勤组：负责上述有关人员工作全过程的衣、食、住、行的保障工作。

治安组：负责开幕式环境的防盗、防暴、防火以及交通、秩序和设施的安全工作。

开幕式具体内容的设置和顺序通常是：大会主持人宣布大会开幕；运动员入场；领导致词；运动员退场；体操和歌舞表演；读大会贺词。其间，还可视情况插入放气球和信鸽、大会点火式等内容。

运动会的闭幕式

运动会的闭幕式一般比较简单。但它是整个运动会的一个组成部分，是运动会结束时的又一高潮。

闭幕式也应由领导小组负责整个编排、内容选择和程序确定等工作。通常，闭幕式的内容和顺序安排是：主持人宣布闭幕大会开始；领导总结；宣布比赛成绩；发奖；主持人宣布运动会闭幕。

运动会的入场式

运动会的入场式，是整个运动会开幕式的一个前奏。入场式是运动员按一定的排列阵容步入会场，接受主席台和观众检阅的一种隆重仪式。威武庄严和神采奕奕的入场式表演，能充分展示运动员的精神面貌，激发场下观众和电视观众关心、热爱体育运动的热情。

入场式的队伍安排，通常由以下方阵组成：旗手，女子鲜花方阵，男子红旗方阵，各运动队方阵，东道主方阵。有时，女子鲜花方阵也可以改成女子舞蹈方阵，甚至管弦乐队方阵等等。

入场式上，各队入场的顺序大体为：

（1）若是国际比赛，则各队按其所代表国家英文字母的顺序先后排列入场，东道国代表队排在最后。

（2）若是国内比赛，则各队按

运动会颁奖仪式

地区或中文笔画的多少等来排列入场顺序，但东道主（运动会的主办城市、地区或单位）的代表队总是排在最后。

入场路线一般都由主席台左侧开始，最后进入场地中央时，则按先左后右的顺序面向主席台，成纵队排列。

从各个代表队来讲，组成方阵时一般都以女运动员在前，男运动员在后，高个子排在前，矮个子排在后的顺序排列；入场时，要求步履整齐，昂首挺胸；经过主席台时可以挥手致意、呼口号或者向主席台行注目礼。各队入场时选择的服装要求整齐划一，服饰要大方鲜艳。

运动会颁奖仪式

运动员参加颁奖仪式时，要修饰自己的仪容仪表：穿好领奖服，擦净脸上的汗水，到大会颁奖地点等候。无论自己的名次如何，运动员在此时此刻都要像英雄一样面带笑容，精神饱满。

主席台依次按照季军、亚军和冠军的顺序宣布获奖运动员名单。运动员听到自己的名字后要大步登上领奖台，然后向观众招手致意并与同台获奖运动员握手以示相互祝贺。这些礼节性的动作完毕后，运动员要姿势端正地站在领奖台上，切忌左顾右盼、交头接耳，也不要有小动作。集体项目运动员上台领奖时，队伍要整齐，一般由队长代表本队与他队队长握手，其他队员则保持良好的站立姿态。

在接受奖牌时，运动员一定要彬彬有礼，面带微笑，感谢之情要由衷而发，不能傲慢敷衍。授奖之前，经常会有礼仪小姐向运动员献花或赠送小礼品，这时运动员应该倾身向礼仪小姐点头致意，双手接过鲜花的同时说声“谢谢”，然后左手持花，自然挺立，静等授奖。授奖时，颁奖者会把奖牌戴在运动员的脖子上，运动员要欠身以方便颁奖者给自己戴奖牌，同时要说“谢谢”。在受到握手或亲吻时，应愉快接受，并致谢意。接受奖牌后，运动员要举起奖牌向观众致意，并给记者留一定的摄影时间。

升旗仪式的礼仪

五星红旗，是我们伟大祖国的象征，尊重国旗，就是尊重自己的祖国。面对冉冉升起的国旗，通过自己的举止神态，把对祖国、对人民的爱表达出来。此时此刻，爱祖国，不是纸上谈兵，要有真情实感。举止、神态严肃而庄重是升降国旗仪式上的基本礼仪。

在参加体育比赛的开幕式仪式上，也要了解一些基本的升旗仪式礼仪。参加升、降国旗仪式要做到以下的礼仪要求。

庄严神圣的升旗仪式

(1) 保持安静。听到集合的信号，应迅速站好队并保持整齐的队形，保持安静。切忌自由行动、嬉闹说笑和东张西望。

(2) 神态肃穆。五星红旗在蓝天下升起，所用的时间是很短的。但是，为了这短短的一瞬间，我们的前辈、长辈前仆后继进行了一个世纪漫长而艰苦卓绝的斗争。任何一个有正义感、爱国心的青少年，面对国旗，都不会无动于衷的。面对国旗肃穆而立，是对牺牲的烈士的缅怀和敬重，也是对祖国、对人民承诺自己所应承担的重任。今天，同学们的任务是学习，然而从今天的学习到未来为“四化”做贡献，并不很遥远。除了掌握必要的知识、技能外，理想的确立、情感和思想方面的准备也很重要。每一次升降旗活动中，体验与陶冶情感是非常必要的。因此，参加升、降旗活动，神态肃穆、严肃认真是很重要的礼仪。随随便便、漫不经心，是十分不应该的。

(3) 端正行礼。当主持人宣布“升旗”或遇到降旗时，应面对国旗，立正站好，脱帽行注目礼；少先队员则必须行队礼。行礼应到升、降旗完毕时为止。

(4) 唱好国歌。国歌旋律刚健、意义深刻、情感深挚，音乐与歌词的完美结合，非常准确形象地体现了中华民族不屈不挠、奋勇向前、为民族独立而不惜牺牲的精神，是民族自尊和自信的具体体现。就连外国教练施拉普纳都要求自己的中国队员，要记住国歌，要唱，否则不会赢球。唱好国歌，表达自己对中华民族坚韧不拔、自强不息的民族精神的认同和珍惜，激励自己的爱国热情。因此，升旗时，认真唱好国歌，也是基本礼仪之一。

在唱国歌时，不认真唱是对国歌的不恭敬，是无知和没有教养的表现。

国旗是祖国的象征，国歌是民族精神的体现，热爱自己的祖国，以自己的民族为自豪就应该庄重、严肃而认真地参加升、降旗活动。给自己的祖国、民族以尊重是为人的基本教养，也是首要的礼仪。

比赛的抽签仪式

体育比赛，无论是采用淘汰法或者循环法、顺序法或者轮换法来进行，为了保证比赛在完全公平的条件下进行，各运动队或个人分组归属、轮次先后安排问题，都须经过抽签的方法来解决。

体育比赛的抽签仪式

在正规的比赛中，抽签仪式必须在组织委员会的领导下，采用各方认可的方法进行。参加抽签的各队可推派代表、领队或队长参加，此外，比赛仲裁委员会、大会秘书以及其他官员也都可以参加。抽签的具体程序是：仪式主持人宣布抽签方法；宣布公证人和监察员名单；宣布抽签开始；公布中签号码；宣布抽签结果。

在这种抽签仪式中，关键程序是抽签方法要明确无误，能体现出公平合理和机遇相等的原则。如果采用摇号方法，让各队或选手“对号入座”，则事先应将各轮的比赛顺序随机排出，再将与选手数目相等、序数不同的号码球装入抽号机内，由工作人员代表各选手逐一摇出号码球。摇出的号码与比赛顺序表上所列号码能对上“座”，即为各选手的比赛顺序和轮次。有时，代表各选手摇号的工作人员可推举社会名流或“吉祥神童”等担任。此外，抽签仪式还可采用各选手自行摸牌、抓阄儿等方法进行。

无论采用什么方法抽签，都要得到有关组织和参赛者的认可，同时，要视比赛的性质、规模和惯例，来确定具体的方法。

比赛中申诉的礼节

在体育比赛中，某运动队、运动员或教练员对裁判员的宣判不满或认为在比赛中发生的某一事件对己不利，可以按照一定的礼仪提出申诉。

一般来说，申诉不应在比赛正在进行的时间进行，而应当选择比赛成死球，或在比赛暂停阶段，或在比赛结束以后进行。申诉的意见可向裁判员、比赛仲裁委员会或比赛技术委员会提出。申诉的方式可以是口头的，也可以是书面的，但无论采用哪种方式，都必须是平静和有礼貌的。

在个人赛中，申诉可由运动员本人或教练员提出。在团体赛中，申诉应由领队、教练员或队长作为代表提出。一个运动队的书面申诉，应当有领队的签名。

对于提出申诉的时间，有些比赛有明确的规定。如篮球比赛，队长可在球成死球并停止比赛时，或在随后的首次暂停时提出申诉。比赛结束时，某队如认为发生的事件对己不利，应由队长立即向记录台报告，由记录员转告主裁判员，队长还要在记录表中球队抗议栏内签名，该队的正式队长则必须在赛后 20 分钟内以书面材料确认抗议。又如垒球比赛，口头抗议须在投手投下一个球前立即提出；书面抗议则一般应在赛后 48 小时以内提出。古典式、自由式摔跤比赛和射击比赛，抗议书应在赛后 30 分钟之内，交给裁判委员会主席。赛艇比赛，口头申诉应在赛艇到达终点后即举手示意，向裁判长申述，书面申诉则应在该项比赛结束后 20 分钟内提出。

体育活动人员礼仪

保持干净清洁

体育活动中保持良好的第一印象是很重要的。心理学上讲的“首因效应”，即人的知觉的第一印象往往形成顽固的心理定势，通常在30秒内形成的第一印象，对后期一切信息将产生指导效应。

清洁是仪容美的关键，是个人礼仪的基本要求，也是当今社会与人交往，取得成功的必要条件。

1. 面容清洁

每日早晚洗脸，清除附在面部的污垢、汗渍等不洁之物。正确的洗脸方法有助于保持皮肤的弹性，保持血液循环良好和新陈代谢的正常运行，因此要注意洗脸的方法。首先用温水润湿脸部，然后用适当的清洁剂(洗面奶、香皂、洗面膏等)，用手由下向上揉搓、打圈。手经过鼻翼两侧至眼眶周围正反打圈，从上额至颧骨至下颌部位反复打圈，由颈部至左、右耳根反复多次。这是借助于光滑的洗面材料而起到对皮肤的按摩作用，再用温水冲净面部的洗面材料，最后用凉水冲洗，令毛孔收缩。为了养护面容，平日多吃水果蔬菜，多喝水，以保持足够的水分，防止皮肤粗糙干燥。要保证足够的睡眠，使面部红润。夏季要及时擦去脸上的汗，不要让其淌在脸上。冬天在外出前要擦好润肤产品，以便保护肌肤。

2. 口腔清洁

保持牙齿清洁，要坚持早晚刷牙。常规的牙齿保洁应做到“三个三”，即三顿饭后都要刷牙，每次刷牙的时间不少于3分钟，每次刷牙的时间应在饭后3分钟内。

口腔异味影响交际，必要时可以用口香糖来减少口腔异味。但应指出，在正式场合嚼口香糖是不礼貌的，与人交谈时，也应避免。每日早晨起床，空腹饮一杯淡盐水也可减轻口腔异味。

3. 鼻子清洁

保持鼻腔的清洁，不要用手去抠鼻孔，尤其是在他人面前，这样既不文雅，又不卫生。

4. 头发清洁

应该养成周期性洗发的习惯，一般每周洗2~3次即可。易出油的头发应该2天洗1次；干性的头发洗头间隔时间可稍长一些。洗前先将头发梳理通顺，湿润后用洗发用品轻揉，最后冲洗干净。

初秋，往往会出现头皮屑增多、脱发、断发的现象，主要原因是一个夏季强烈阳光的辐射，风吹、汗渍等使头发正常生长受到影响。所以在入秋前对头发要精心保养，可补充一些营养护发素等。如发现发尖分叉，就必须及时修剪。在洗发时，洗发剂和肥皂不宜在头发上停留太长时间，因其性质属碱性，对头发会有损害。梳头时，一定要留意，上衣和肩背上不应落有头皮屑和脱落的头发。

5. 手的清洁

在青少年交往活动中，手占有重要的位置。我们通常以握手的礼节来表示对他人的欢迎，他人总是先接触到我们的手，形成第一印象。通过观察手，可以判断出一个人的修养与卫生习惯，甚至对生活的态度。因此，应经常清洗自己的手，修剪指甲。手的清洁与一个人的整体形象密切相连，应当引起足够的重视。但应注意，在任何公众场合修剪指甲，都是不文明、不雅观的举止。

6. 身体清洁

讲究个人卫生，养成良好的卫生习惯，要求身体无异味。常常洗澡是必要的，尤其是参加一些正式活动之前一定要洗澡。

服饰礼仪的基本原则

1. 整洁

整洁是青少年服饰礼仪的最基本要求。无论在何种场合，着装都要力求清洁、整齐、挺括，避免肮脏或邋遢。整洁主要体现在三个方面：一是着装要干净。对于各类服装，都要勤于换洗，服装上不应存在明显的汗

青少年整洁的服饰

渍、污渍、油迹，衣领、袖口要时刻保持干净。二是着装要平整。任何服装在穿着前都应该熨烫平整，避免又折又皱。三是着装要规范。对于任何一款服装，都应按服装本身规范来穿着，如穿长袖衬衣时，要将前后摆塞在裤内，袖口不要卷起。另外，着装规范也意味着服装不能又残又破，乱打补丁。

2. 合适

合适是指青少年选择服饰时应与肤色、形体等自身条件相适应。只要不是规定性着装，服饰的选择就要因人而异，通过服饰来显示着装者所长，遮掩所短，以呈现个人最佳风貌。例如，肤色较黑的人，就不宜穿着颜色过深或过浅的服装，而应选用与肤色对比不明显的粉红色、蓝绿色服装；皮肤发黄的人，不宜选用半黄色、土黄色、灰色的服装，否则会显得精神不振和无精打采；脸色苍白的人不宜着绿色服装，否则会使脸色更显病态；体形瘦小的人适合穿色彩明快、亮度高的浅色服装，这样显得丰满；形体较胖的人不宜穿明亮的或带有横格子的衣服等。饰物的使用也要合适，不宜过多过杂，要与衣服相匹配，要符合个人身份。值得注意的是，饰物不是炫耀，饰物的作用在于能起到画龙点睛和协调整体的效果。

3. 合时

合时主要是指服饰的选择要与穿戴者所处的环境、场合和季节相协调。青少年在社会中的角色是多层次的，因此要根据不同场合选择不同的着装，以满足担当不同社会角色的需要。比如，运动员在赛场上必须穿比赛项目所规定的服装。

4. 文明

着装是人类进入文明时代的重要标志。除了在竞技场上有特殊的着装要求外，在公共场所和社交场合，运动员和体育工作者都要努力做到文明着装。

体育场馆着装应注意的问题

如果青少年去的体育场馆比较高档，体育赛事的层次也较高，就要根据季节时令和气候变化情况安排穿什么戴什么，一般来说，要穿戴得整齐一些，文雅一些。天气炎热时，上身要穿短袖衣衫或者T恤衫，绝不可以穿背心；下身要穿短裤，是短的制服裤，不是其他什么样式的短裤，更不要穿很短的紧身短裤；绝对不要穿着

体育馆中的着装

拖鞋去看比赛。要注意着装整齐，不露背。

选适当的发型

发型也是仪容的一个组成部分。中学生的发型，不强求一致，大家可以根据自己的脸型和头发的疏密选择发型，或理平头、或留分头、或剪短发、或梳长辫，但总的要求是整齐、简便。整齐是中学生身份的要求，简便是中学生生活节奏的需要。总之，中学生的发型要符合中学生身份，要能显示出青少年朝气蓬勃的精神面貌。男生不适宜留长发，更不要盲目模仿某一偶像梳理出不适合自己的发型。男生的头发，两侧和后部的发长都不应超过发界。头发过长，不仅与中学生身份不符，也会失去青春美感，如果再缺乏良好的卫生习惯，不常梳理，就更难看了，不如现出青春本色的好。女生不要烫发，这主要因为烫发与中学生身份不符。烫发是成年人的事，中学生在发型上追求成人化，会让人感到很不协调，就更谈不上美观了。再说，花费宝贵的时间和精力去伺候头发，对中学生来说也实在不合算。从体育活动的特点来说，运动员的发型以短发最为适宜（体操、艺术体操、花样游泳等少数项目除外）。短发也有很多类型，运动员可以根据自身条件进行合理的设计，以体现个人发型的美感和体育运动的节奏感。近几年来，一些国际体育明星在赛场上的发型被人们广泛议论，有些甚至被传为佳话。全球著名美发专家曾说过："运动员不得不服从于比赛规定，所以他们在服装上下工夫的机会远没有发型上多。在他们看来，独特的发型可以带来更多的好处。"独特的发型确实能带来个人心情的改变，但作为青少年来说，发型最好不要太怪异。

选择适当的发型

青少年在选择发型之前，应该先分析研究一下自己的脸型，有了彻底的了解后，才会选择出最适合自己脸型的发型。一般来讲，掌握以下几个原则：

（1）高额角、低额角。如果你的脸型属高额角，发梢应向下梳，做刘海或波浪，让你的头发遮盖一部分前额；若是低额角，发梢应尽量离开前额往上梳，如果你偏爱刘海，必须要短，决不能低于发线，避免使额头看来更低。

（2）宽额角、窄额角。宽额角，发梢应从两边向中间梳，用波浪遮掩住太宽的额角。窄额角的情况正好相反，头发应沿两边向后梳，如果你做了刘海，则切不要让发卷伸延至太阳穴前。

（3）高颧骨、低颧骨。高颧骨，两鬓的头发往前梳，超过耳线，盖住颧骨，刘海不妨略长些，但不可梳中分式。至于低颧骨，两边的头发应往后梳，不要遮耳线，两鬓可以做发卷，以中间分开更好。

（4）大鼻子、小鼻子。大鼻子，头发应梳高或向后梳，避免中分，因为中分会使鼻子显得更大，最好不要蓄刘海。小鼻子，头发绝不要往上梳，应让刘海下垂，遮住发线，但刘海不可留得过长。

（5）突下巴、缩下巴。突下巴，两边及额前的头发应该向上梳。让发线显露出来，脑后微微往上梳。缩下巴，额前和两鬓的头发应该向前梳，宜盖刘海和波浪，脑后头发要低而丰满。

（6）粗短颈子、细长颈子。粗短颈子，头发四面向上梳，应蓄短发，不要让头发遮盖发线。细长颈子则相反。

站姿礼仪

站立是青少年日常交往中一种最基本的举止。站姿是生活中以静为造型的动作。站立不仅要挺拔，还要优美典雅，正确的站姿是优美举止的基础。

（1）头正，双目平视，嘴唇微闭，下颌微收，面部平和自然。

（2）双肩放松，稍向下沉，身体有向上的感觉，呼吸自然。

（3）躯干挺直，收腹，挺胸，立腰。

（4）双臂放松，自然下垂于体侧，手指自然弯曲。

（5）双腿并拢立直，膝、两脚跟靠紧，脚尖分开呈60度，身体重心放在两脚中间。

以上为标准站姿，在此基础上还

站　姿

可以有所调整，以下是适用于不同场合的几种站姿。

(1) 肃立：身体直立，双手置于身体两侧，双腿自然并拢，脚跟靠紧，脚掌分开呈"V"字型。

(2) 直立：身体直立，双臂下垂置于腹部。女性将右手搭握在左手四指，四指前后不要露出，两脚可平行靠紧，也可前后略微错开；男性左手握住右手腕，贴住臂部，两脚平行站立，略窄于肩宽。

直立的站法比肃立显得亲切随和些。

保持正确的坐姿

坐是青少年举止活动的主要内容之一，无论是伏案学习、参加会议，还是会客交谈、娱乐休息都离不开坐。坐，作为一种举止，有着美与丑、优雅与粗俗之分。

坐姿要求"坐如钟"，指人的坐态像座钟般端直，当然这里的端直指上体的端直。优美的坐姿让人觉得安详、舒适、端正、大方。

正确的坐姿

(1) 入座时要轻、稳、缓。走到座位前，转身后轻稳地坐下。女同学入座时，若是裙装，应用手将裙子稍稍拢一下，不要坐下后再拉拽衣裙，那样不优雅。正式场合一般从椅子的左边入座，离座时也要从椅子左边离开，这是一种礼貌。女同学入座尤其要娴雅、文静、优美。

女同学坐姿

如果椅子位置不合适，需要挪动椅子的位置时应当先把椅子移至欲就座处，然后入座。坐在椅子上移动位置，是有违社交礼仪的。请同学们平时养成双手提放椅子的习惯。

(2) 神态从容自如，嘴唇微闭，下颌微收，面容平和自然。

(3) 双肩平正放松，两臂自然弯曲放在腿上，亦可放在椅子或是沙发扶手上，以自然得体为宜，掌心向下。

(4) 坐在椅子上，要立腰，挺胸，上体自然挺直。

(5) 双膝自然并拢，双腿正放或侧放，双脚并拢或交叠或成小"v"字型。

男同学两膝间可分开一拳左右的距离，脚态可取小八字步或稍分开以显自然洒脱之美，但不可尽情打开腿脚，那样会显得粗俗和傲慢。

男同学坐姿

（6）坐在椅子上，应至少坐满椅子的2/3，宽座沙发则至少坐 1/2。落座后至少 10 分钟左右时间不要靠椅背。时间久了，可轻靠椅背。

（7）谈话时应根据交谈者方位，将上体双膝侧转向交谈者，上身仍保持挺直，不要出现自卑、恭维、讨好的姿态。讲究礼仪，尊重别人，但不能失去自尊。

（8）离座时，要自然稳当，右脚向后收半步，而后站起。

几种规范坐姿

（1）双腿并拢，上体挺直，坐

规范的坐姿

正，两脚略向前伸，两手分别放在双膝上（男士双腿略分开）。

（2）女同学坐姿。坐正，上身挺直，双腿并拢，两脚交叉，双手叠放，置于左腿或右腿上。

（3）女同学坐姿（著名的 S 型坐姿）。坐正，上身挺直，双腿并拢，两腿同时侧向左或侧向右，两脚并放或交叠。双手叠放，置于左腿或右腿上。

（4）搭腿式坐姿（或叫两腿交叠坐姿）。其方法是将左腿微向右倾，右大腿放在左大腿上，脚尖朝向地面（切忌右脚尖朝天）。这种坐姿给人以高贵、典雅的美感。但应特别注意与跷二郎腿区别开。跷二郎腿一般悬空脚的脚尖朝天、脚底朝向人，并伴有上下抖动的不雅动作。有的国家是忌讳脚底朝向人的，因为这表示挑衅、不满、轻视、愤怒的情感，是粗俗不雅的举止。

优美的走姿

走姿又称步态。走姿要求“行如风”，是指人行走时，如风行水上，有一种轻快自然的美。

青少年走路的样子千姿百态、各不相同。有的步伐矫健、轻松灵活、富有弹性，令人精神振奋；有的步伐稳健、端庄、自然、大方，给人以沉着、庄重、斯文之感；有的步伐雄健、铿锵有力，给人以英武、勇敢、

规范的走姿

无畏的印象；有的步伐轻盈、敏捷，给人以轻巧、欢悦、柔和之感。但也有的人不重视步态美，行路时弯腰驼背、低头无神、步履蹒跚，给人以倦怠、老态龙钟的感觉；还有的摇着八字脚，晃着“鸭子”步。这些步态都十分不雅。

走姿的基本要求是从容、平稳，走出直线。具体要求如下：

（1）双目向前平视，微收下颌，面容平和自然，不左顾右盼，不回头张望，不盯住行人乱打量。

（2）双肩平稳、肩峰稍后张，大臂带动小臂自然前后摆动，肩勿摇晃。前摆时，手不要超衣扣垂直线，肘关节微屈 30 度，掌心向内，勿甩小臂，后摆时勿甩手腕。

（3）上身自然挺拔，头正、挺胸、收腹、立腰，重心稍向前倾。

（4）注意步位。行走时，假设下方有条直线，男士两脚跟交替踩在直线上，脚跟先着地，然后迅速过渡到前脚掌，脚尖略向外，距离直线约 5 厘米。女性则应采取一字步走姿，即两腿交替迈步，两脚交替踏在直线上。

（5）步幅适当。男性步幅（前后脚之间的距离）约 25 厘米，女性步幅约 20 厘米。或者说前脚的脚跟与后脚尖相距约为一脚长。步幅与服饰也有关，如女性穿裙装，特别是穿旗袍、西服裙、礼服和高跟鞋时，步幅应小些，穿长裤时步幅可大些。

（6）注意步态。步态，即行走的基本姿势。性别不同，行走的姿势应有所区别。男同学步伐矫健、稳重、刚毅、洒脱、豪迈，好似雄壮的“进行曲”，气势磅礴，具有阳刚之美，步伐频率每分钟约 100 步；女同学步伐轻盈、玲珑，具有阴柔秀雅之美，步伐频率约每分钟 90 步。

（7）注意步韵。跨出的步子应是全部脚掌着地，膝和脚腕不可过于僵直，应该富有弹性，膝盖要尽量绷直，双臂应自然轻松摆动，使步伐因有韵律节奏感而显得优美柔韧。

（8）行走时不可把手插进衣服口袋里，尤其不可插在裤袋里。

蹲姿的礼仪

在日常生活中，人们对掉在地上的东西，一般是习惯弯腰或蹲下将其捡起，而随意弯腰蹲下的姿势是不合适的。正确的蹲姿如下：

正确的蹲姿

基本蹲姿

(1) 下蹲拾物时，应自然、得体、大方，不遮遮掩掩。

(2) 下蹲时，两腿合力支撑身体，避免滑倒。

(3) 下蹲时，应使头、胸、膝关节在一个角度上，使蹲姿美丽。

(4) 女同学无论采用哪种蹲姿，都要将腿靠紧，臀部向下。

蹲姿实例

1. 交叉式蹲姿

在实际生活中经常会用到蹲姿，如集体合影前排需要蹲下时，女生可采用交叉式蹲姿，下蹲时右脚在前，左脚在后，右小腿垂直于地面，全脚着地。左膝由后面伸向右侧，左脚跟抬起，脚掌着地。两腿靠紧，合力支撑身体。臀部向下，上身稍前倾。

2. 高低式蹲姿

下蹲时右脚在前，左脚稍后，两腿靠紧向下蹲。右脚全脚着地，小腿基本垂直于地面，左脚脚跟提起，脚掌着地。左膝低于右膝，左膝内侧靠于右小腿内侧，形成右膝高左膝低的姿态，臀部向下，基本上以左腿支撑身体。

交叉式蹲姿

高低式蹲姿

姿态禁忌

(1) 弯腰捡拾物品时，两腿叉

不雅观的姿态

开，臀部向后撅起，是不雅观的姿态。

两腿展开平衡下蹲，其姿态也不优雅。

（2）下蹲时注重内衣“不可以露，不可以透”。

（3）蹲姿三要点：迅速、美观、大方。若用右手捡东西，可以先走到东西的左边，右脚向后退半步后再蹲下来。脊背保持挺直，臀部一定要蹲下来，避免弯腰翘臀的姿势。男生两腿间可留有适当的缝隙，女生则要两腿并紧，穿旗袍或短裙时需更加留意，以免尴尬。

得当的形体语言

在体育活动中，我们身体的每一部分、每一举动、每一表情，都担负着传达一定信息、一定情绪的作用，正所谓“言语达意，眉目传情”。综合来说，这种自然而然从身体流露出来的信息，可以叫做“形体语言”。形体语言貌似隐蔽、无形，实际上作用巨大，有时远胜于语言本身。同学们不可对此掉以轻心。

1. 保持微笑

微笑在社交中能发挥极大的效果。微笑的含义实际上就是：我喜欢你；很高兴见到你；是你使我快乐。

微笑不花费什么，却又像一笔巨大的财富，因为它往往会令人有惊奇的收获。在国外，人们甚至把微笑当作一门学问，在高等院校开设专门课程加以传授。从政治家到普通的推销员，每天清早洗脸时，总要花一些时间，面对镜子训练自己的微笑。

保持微笑

微笑在一切场合中几乎都适用，因为它传达的是谁都需要的友善、亲切与平和。

2. 正确使用表情与手势

在交际中，应该保持稳定的表

情，对于任何话题，都不要大惊小怪，忽而紧皱眉头，面露愁容；忽而喜笑颜开，手舞足蹈。

使用手势可以增加语言的分量。但说话时手势一般不宜过多，手也不要高举过胸。有人讲话时习惯双手乱挥，甚至讲话时用食指戳向对方的脸，这会使对方陷入窘迫的境地，心里不舒服。

当着别人的面梳头发、挖鼻孔、掏耳垢，不分场合地剔牙，或捋裤腿、晾肚、抠脚丫，这些举动在交谈中是绝对忌讳的，必将严重地损害个人形象。

3. 选择不同的位置与姿势

根据交谈对象、场合的不同，应采取不同的交谈姿势。如果和你正式交谈的是德高望重的前辈、师长，那么为了表示尊敬，应该是坐直身子并略向前倾，同时可以把双手放在膝上；如果和你交谈的是同窗好友，从小耳鬓厮磨的小伙伴，那么，架起二郎腿，把身体靠在沙发上，随随便便的，对方反而会觉得这是相互之间亲热、不见外。在交谈中，如果有人给你沏茶，你应该略为欠身，礼貌地表示谢意。

交谈双方坐的位置往往会影响双方的心理距离。关系亲密的人交谈时一般不会相对而坐，而是并肩而谈，因为这样才显得双方亲密无间。当征询同学对你的意见或与人谈心时，一般也宜选择并肩而谈的方式，这样可以先行创造一种亲密无间的气氛。

4. 使用不同的步态

在不同的场合下，要注意使用不同的步态。比如，在室内走路时，要轻柔；上台发言时步子要稳重、干练；等等。

交际语言的使用

语言，无论是书面语言还是口头语言，都是用来表情达意的。如果只有良好的愿望，却不能恰当表达，就不可能达到预期的效果，有良好的愿望，还必须用合乎礼仪的方式来表达，才可能产生良好的效果，并给别人留下一个很好的印象。

所以，在学校交往中，无论使用书面语言还是口头语言，都应该从内心真诚关注对话人的情绪反应。同时，将自己对对方的关心用礼貌的语言表达出来。

然而，语言环境多变，内容广泛，没有一定的规章可循。在具体的对话场合中，可掌握以下原则：

(1) 态度真诚，语言内容与表情一致。

说话时态度亲切、真诚，说话的内容与表情相一致，让对方了解你的基本态度。如向别人表示祝贺，嘴上说得很动听，脸上没有笑容，冷冰冰的，别人会觉得你在敷衍。向别人表示问候，却不看着对方，别人会觉得你是故作亲切，是假关心。拒绝对方不适当的邀请，脸上却对对方笑，并故作忸怩羞涩，对方会认为你不是真的拒绝，而会继续纠缠。

因此，说的话与表情一致，才能明确表达意思，也才符合礼仪。

当然，谈较严肃的事或拒绝不合理的事，态度要真诚而且严肃、庄重，但不必横眉冷对，因为对方可能并无恶意。

(2) 使用婉转、谦和、文雅的语言。

见面交谈，要用敬称称呼对方。如“您”、“老师”等，对自己可用谦称。对话结束，应当使用礼貌语来结束谈话，如“谢谢”、“请多关照”等。

交谈中说话粗鲁、脏话满口是没有教养的表现，一定要杜绝。

(3) 说话时，声音大小要适中，语调平和、沉稳。

说话的目的是让别人听的，要让别人听清楚，听明白，为人提供方便本来就是礼仪的原则之一。

会上发言，声音要大，让在场的人都听见，而且目光要注视会场的中间靠前一些的地方，使在场的人觉得你注视着所有的人。

几个人交谈，声音不宜过大，大家能听见就行了。语调要平和、沉稳，不要太急、声调太高，否则会使人觉得在吵架，很没有礼貌。

在公众场合，如电影院、剧场、会场、课堂这一类地方，要尽量避免对话，非说不可时，要把声音放得很小，尽量不影响别人。在这种场合高谈阔论，指手画脚，是很失礼的。

(4) 尽量减少语病和不必要的语气词，如“嗯”、“啊”一类的词。

说话中夹杂许多这一类词，让人觉得你对谈话没有什么准备，现想现说，而且啰唆，不吸引人。你说话，让人家耐着性子听，那是很难受的事，等于对听话人的不敬。

(5) 婉转表意，避免直入。

请求于人或批评别人，在多数情况下，婉转表达意思比直接说出效果好。因为婉转表意，对方会感到你的诚意和对他的尊敬与看重，而且显得很有礼貌。这样做，还有一层意思，就是表示：请求的人和被请求的人，批评者与被批评者是平等的，没有指令的意思。在平等的基础上，双方就容易沟通。

因此，当你对别人提出请求时，要尽量用商量的口气，不要像在给对方下命令。

比如，你要得到同学的帮助：

a. “把椅子搬过来。”“请你帮个忙，把椅子搬过来。”

b. “让开。”“请你让开好吗?”“劳驾，借光让让路。”

这两组对话中，每组的第一句话，口气生硬，有命令别人的意思，让对方听起来很不舒服，感到你盛气凌人，就不大愿意帮助你。即使勉强做了，心里也很不高兴，不愿再和你打交道。每组话的后边一句，语调平和，表达委婉，听起来感到亲切，让人感到你很尊敬他，就不会拒绝。如果不按你的要求做，那就是对方失礼了。

再看下面两组：

a. “瞧，我多棒!”“还得看我的!”

“我做得还很不够，还希望大家多帮助。”

当你受到表扬时，后面一句话说出来，会显示出你的谦和，会使大家更喜欢你。

b. “我怎么啦!” （一翻白眼，一歪头。)

“老师，我有些地方还想不通，请您再给我说说行吗?”

也许，对老师的批评想不通，难以承认，也许老师批评错了。这时，你仍应以谦和礼貌的态度来对待，表示对老师的敬意和改正错误的愿望。所以后者的语气、语调更能表现出你良好的修养和文明的气质，更容易得到别人的帮助。

(6) 掌握说话的分寸，留有余地。

任何对话均有特定的场合、特定的身份，应清楚了解这一点，当好自己的角色。身份和角色不同，说话的语气和用语也不一样，措辞适当，与人为善，抱着尊敬或友好的态度，就能做到有礼貌。

比如，对于长辈，你是晚辈；对于老师，你是学生；对于陌生人，你可能是引路人、顾客等。答应别人的请求要留有余地，不要把话说得太满，就是很有把握的事，也要留有余地。办不到的事，回绝时也不要把话说绝，要委婉而留有余地。因为最为难的事是求人，不是万不得已，不会求人的，要体谅别人，替对方着想，事办不成友谊还在。这不是虚伪和圆滑，同样是对别人的尊重。

可能有的同学认为，直率是优良的品质，说话直来直去才好，否则就是装腔作势。其实不然，对非常了解的同学、朋友，可以有话直说，不必留有余地，也不必婉转，但对一般的同学、朋友等就不合适了，因为别人并不特别了解你，会以为你不尊重他，以致产生误会。

千万不要为了“解气”，怎么痛快怎么说，不管别人怎么想。

交谈礼仪

美国著名的语言心理学家多罗西·萨尔诺夫曾说道：“说话艺术最重要的应用，就是与人交谈。”从广泛意义上来讲，交谈是人们交流思想、沟通感情、建立联系、消除隔阂、协调关系、促进合作的一个重要渠道。可是在人际交往中，人们交谈的效果却大不一样，这就是所谓的“酒逢知己千杯少，话不投机半句多”。实际上，成功的交谈有赖于一定的礼仪规范。在现实人际交往中，交谈礼仪主要体现在以下几个方面：

1. 真诚坦率

真诚是做人的美德，也是交谈的原则。交谈双方态度要认真、诚恳，有了直率诚笃，才能有融洽的交谈环境，才能奠定交谈成功的基础。真心实意的交流是自信的结果，是信任人的表现，只有用自己的真情激起对方感情的共鸣，交谈才能取得满意的效果。

2. 互相尊重

交谈是双方思想、感情的交流，是双向活动。要取得满意的交谈效果，就必须顾及对方的心理需求。交谈中，来自对方的尊重是任何人都希望得到的。交谈双方无论地位高低、年纪大小，在人格上都是平等的，切不可盛气凌人、自以为是、唯我独尊。谈话时，要把对方作为平等的交流对象，在心理上、用词上、语调上，体现出对对方的尊重，尽量使用礼貌语，谈到自己时要谦虚，谈到对方时要尊重。

3. 话题适宜

与人交谈时，选择适宜的话题是交谈继续下去的前提。一般来说，与陌生人或不太熟悉的人开始交谈时首先要使用礼貌的问候语，如“早上好！”“你好！”等，然后选择大家都比较熟悉的简单话题进行交谈，如天气、眼前的环境等，待双方有意继续交谈时再引入其他话题。熟人或朋友之间的交谈往往以深层次的问候寒暄开始，寒暄不仅是一种必不可少的客套，而且可以为交谈作情感铺垫。熟人或朋友之间的话题一般没有限制，只要大家有兴趣，几乎所有话题都可以作为谈资。

在现代社会交际场合，话题的选择应该以双方都感兴趣和都较为熟悉为原则，像健康活动、国内外大事、工作、文体活动等一般都是大家感兴趣的话题。话题还应尽量符合交谈双方的年龄、职业、性格及心理特征。以下话题在社交场合是要避免谈及的：疾病、死亡等不快之事；荒诞离奇、黄色淫秽之事；个人隐私（如女性的年龄、婚否，个人的履历、收入、财产，服饰价格，私人生活等）；国家内政和秘密；对第三者的议论或批评等。男子一般不要参与女性圈内的谈话。

值得注意的是，在国外比赛期间，体育活动人员对外谈话一定要严守机密。这里的机密主要指赛前准备、比赛计划、上场阵容以及运动员、教练员之间的各种关系。大赛前，一般不向记者发表有关内部情况的议论。同事之间商量问题、交换意见应在有保密条件的地方进行。涉及重大国际问题的表态，一定要符合我国对外政策，自己不知道的事不要乱讲。在饭店、旅馆、汽车等公共场合不可议论国家内部问题。在社交场合谈话时，要先弄清对方身份，这样谈话才会得体、有针对性，对身份不明或不熟悉的人不可深谈。

4. 掌握分寸

交谈是在两个或两个人以上之间进行的，任何人都不应该想说什么就说什么，也不能想怎么说就怎么说，说话人必须顾及对方的情感和反应。有时因为民族习惯、文化背景和个人修养的不同，谈话者实际表达的思想很难被听话者理解，甚至有可能被误解。遇见这种情况时，谈话者一定要掌握分寸，做到谦虚有礼。

当在交谈中出现意见分歧时，不要全盘否定对方，应该委婉地说出自己的看法，相互商讨。当对方显得无礼时，要宽容克制，不能以牙还牙，出言不逊，也不可斥责、讥讽对方，可能的话应该以好言相劝，使对方冷静。如果对方的言词有损你所在的组织或国家，则应该义正词严、有礼有节地给予驳斥。

在有些特定场合和情景之下，可能不得不终止与对方的谈话。如果是必须表达自己的立场，可在对方说话告一段落或出现停顿时陈述自己的观点；如果是有别的事亟待处理，则需说“对不起，我还得办点急事，下次谈行吗”之类的话；如果对方态度过于强硬，甚至出言不逊，亦可用“好了，谈话就到此为止”来中止谈话。

此外，说话中一般不要使用对方不懂的语言，如方言、土语或外语，应尽量使用与对方一致的语言交谈。如果对方讲普通话，就尽量使用普通话与之交谈。交谈中还应注意根据对象选择不同的表达方式。如对待普通市民适宜用通俗易懂、最接近生活的日常语言与之交谈，而不宜用深刻的哲理性的语言，或者枯燥生硬的逻辑推理；对待学问较高深的人适宜用提纲挈领、逻辑严密的方式进行交谈，而不宜用简单无聊、杂乱无章的语言进行交谈。

5. 善于倾听

在谈话过程中，仔细倾听和目光专注是一种起码的礼仪要求。任何人都有这样的体会，凡是那些愿意认真倾听并用语言、表情和眼神与我们谈话保持呼应的人都会受到我们的尊重。我们不喜欢那些与我们谈话时东张西望、似听非听，或者翻阅书报，甚至自顾自处理一些与交谈无关事务的人，也不会对那些在谈话时随意打哈欠、伸懒腰，或不时看钟表、心不在焉的人有好的印象。在谈话过程中，听者应设身处地地站在说话者的角度，用适当的表情与语言，表示对讲话者的专注与反馈，这是一种最基本的礼貌。

在交谈活动中，眼神的注视是最受人关注的。为了体现谈话者之间的尊重和礼貌，讲话者和倾听者都要注意眼睛的社交注视区间。所谓社交注视区间是指人们在普通的社交场合中采用的注视区间。这一区间的范围是以两眼为上线，以下颚为顶点所连接成的倒三角区域。注视这一区域最容易形成平等感，能使谈话者感到轻松、自然，从而能比较自由地表达观点和见解。

学会说“对不起”

“对不起”是最常用的礼貌用语之一。它似乎有一种神奇的力量，能使人与人之间紧张、矛盾的关系松弛下来，变得平和。有的同学以为，说“对不起”是一种低声下气、没骨气的表现，这种想法显然是错误的。在生活中，能够自责，能够诚恳地表达自己歉意的人，其实是真正的强者。

诚恳的道歉

在哪些情况下应向人说“对不起”呢？我们在日常学习和生活中，打扰、影响了别人，或者无意中伤害了别人的事情并不少见，这时，一声真诚的“对不起”，便是必不可少的，当你在图书馆错坐了他人的位子时，当你在公共汽车上不小心踩了别人的脚时，当你有事需打断别人的讲话时，当你不小心碰了同学的食具时，当你打电话打扰了别人的午睡时，当你无意间撞着迎面走来的行人时，当你错怪了别人时，当你忘记了亲友托办的事情时，在这些时候，“对不起”、“请原谅”、“打扰了”、“给你添麻烦了”之类的歉意言语，会使可能出现的矛盾迅速消失，紧张对抗顿时解除。对一个虽然打扰了别人，但态度真挚诚恳、道歉及时的懂礼貌的学生，人们总是会予以宽容谅解的。

一个人诚恳地向别人道歉，请求原谅，并非没有骨气，反而是襟怀坦白、明白事理、真挚诚实和具有勇气的表现。如果一个人明明给别人增添了麻烦和不便，却还强词夺理，硬说别人不对，这种丑陋的行径便一定会遭到鄙视。

需要表达歉意时，不可犹豫、拖延。自己打扰或伤害了别人时，应及时道歉，不可迟迟疑疑，显得勉强。能及时向别人道歉的同学，不但表现了一种诚实和责任感，还表现了一种正直和勇敢。既然你心里想向人家道歉，就说明你已经意识到自己做了错事。如果知错而拖着不认错，那就会在拖延中使自己更加缺少勇气，这样，被打扰被侵犯的人与自己的隔阂必定加深，甚至弄得关系紧张起来。

说“对不起”时态度要诚恳，向人道歉要发自内心。真正的道歉既不能随随便便，更不是无可奈何。向人道歉时，要抬头看着对方的眼睛，语言真挚诚恳。别人只要能感觉到你的真诚悔意，自然会真心谅解。

道歉应痛痛快快，直截了当。记住，道歉不是一件羞耻丢人的事情，而是深明事理与具有勇气的表现。因此，说话的声音要清清楚楚，不吞吞吐吐、含含糊糊，更不要拐弯抹角，或是一边认错，一边又找借口为自己辩护。

“请”字当头

在学校生活中同学们的关系是十分密切的，互相之间免不了请求帮助。请求别人帮助时，一定不能忽略“请”字当头。

无论请求别人做什么，都不要忘记说“请”字。有困难需要人帮助时，应说“请你帮我……好吗”；有问题需要人指点时，应说“我想向你请教一个问题”；在商店里买东西时，应对售货员说“请拿……给我看看”；问路时，一定也要用“请”字。

请求时语气要婉转。向别人提出请求时，虽不必低声下气，但也决不能居高临下。否则，你的请求只能碰壁。就算是请人一起去吃饭，也应婉转地说：“陪我一块去吃饭，好吗?”切不要摆出一副施恩于人的样子，这样只会令人反感。

请求别人帮助时，要找适当的时机。在别人碰到麻烦或不开心时就不便请求。比方说，某个同学刚受到老师批评，满肚子不高兴的时候，就不应前去请求他帮你。

对别人的拒绝应给予宽容和理解。要求别人帮助的请求，并不是每次都能如愿以偿的。当别人没能帮助我们时，我们应明确地表示体谅。每个人都有每个人的难处，是否帮忙也是每个人的自由。所以决不能强人所难，要别人非帮自己不可，更不能因未获帮忙就怨恨人家。

交谈中应注意的方面

谈话是人类用来表达情感、交流思想的一条最方便快捷的途径。既然是途径，自然人人得而行之，可不同的是，有的人用得好，有的人用得不好。

同样是一张嘴，有人一句话可以赢得满堂喝彩，有人一句话却可以失尽人心，真可谓“一语褒贬，天上人间”，其实还有这样的说法“一句话说得人笑，一句话说得人跳”，可见在交谈中语言的威力。因此学一些交谈中的礼节，无疑是有利于提高我们在人际交往中地位的。

谈话的得体，具体而言包括下面几个细节：

（1）说话时应该缓急有度，说重点。

说话时如果速度过快，像连珠炮似的谈下去，对方可能还没反应过来，而你却已经说到别处了，这自然会使人不快。相反，说话太慢了也不好，听者听了半天，还是听不到你想要表达的主题，那对方自然会产生腻烦的心理。因而，谈话的速度要缓急有致，使对方有回味和思考的余地，在谈到重点问题的时候最好是缓慢而有力的，以引起对方的重视。

如果你发现对方对你的意思不甚了了的时候，就应该及时向对方表示"或许我讲得太快了，有些地方没有讲清楚"，然后及时补救。

（2）谈话的时候，不要过分以个人为中心。

动不动就滔滔不绝地谈自己，光想自己的事，不给对方以应答的机会，这样的谈话，对方出于礼貌或许会听下去，但是内心的不快却是不言而喻的。

有些人在谈话中好炫耀自己，这是最忌讳的，因为这么一来，给人的感觉似乎是你压根儿不是在与他谈话，而是在向他卖弄或是向他说教。要知道，人们的自尊心都是十分敏感的，没有什么人会喜欢别人在自己面前自吹自擂，谁都会对那些像教导下属一般的指手画脚的人产生反感。即使是一个很谦卑的人，也会对别人的目中无人而感到厌恶。一旦产生厌恶、反感这样情绪的时候，当中的心理距离要再想拉近就难了。

因此，谈话时应该尽量寻找能够引起对方兴趣的话题以便拉近与对方的距离，使两人有共同的谈话思路。一个人有自信是好事，但表现自信决不能够喋喋不休地自我吹嘘和贬抑他人。

（3）应该随时注意对方的反应。

交谈是一个双向交流的过程，因此在谈话时要注意对方的反应，观察一下对方是否在热心地倾听。说话的时候，两眼要看着对方，并且要时时征询对方的意见，使对方有表示自己看法的机会。如果对方连这样的机会都被剥夺了的话，那自然就不会再有什么兴趣去继续这场谈话了。如果发现对方对自己的话题不感兴趣，那就应该立即知趣地打住或者是转移一下话题，及时地调整一下谈话的内容和谈话的方式，使对方积极加入进来。

（4）交谈必须是平等的。

在交谈中要平等相待，不打官腔。这样做说明谈话时你是把对方作为一个平等的交流对象，是尊重其人格的。这是对人以礼相待的一个前提。在和人交谈时拖腔捏调，哼哼哈哈，或是以势压人都是不礼貌的，更忌讳的是那种压对方的言辞，诸如"这一领域的权威就和我持同一观点"、"我说的绝对错不了"，言外之意是别人只能以你说的话为标准。有的人喜欢以自己的职务、年龄、资历作为轻视对方的理由，这也是很不可取的，因为一旦别人感觉到了你这种倚老卖老，那么他原本对你怀有的那种尊重之情就会变成反感了。

因此，我们应该牢记，交流时应该把自己和对方摆在平等的地位上，用商讨的口吻和语气，用温和的语调，用易于为对方接受的言辞与之交谈。

（5）谈话时要兼顾全局，不要冷落任何一个人。

谈话现场超过 3 个人的时候，就应该不时地与在场的其他人攀谈，或是以目光进行交流，不能只是一味地和其中一两个人说话而不理会其他的在场者。由这个原则出发，就不能只谈个别几个人之间知道的事情而冷落旁人。如果所谈论的问题不便让别人知道，就应该另找场合。有时在谈话中途有第三者加入，这时应该以握手、点头、微笑等来表示欢迎的姿态，或者就直接用一句“欢迎”、“您有何高见”等来迎接其到来。

一旦发现谈话的场合中有某个人长时间地沉默不语，就应该注意及时使其融入谈话的气氛中去或者适当地提示他发表看法。

（6）在参与多人交谈时，应表现出对谈话内容兴趣很大，而不必介意其他无关大局的地方。

比如对方有浓重的乡音，读错了字或记错了日期等，只要不妨碍交谈进行，没有必要当面去指正。不要在对方谈兴正浓时，突然凑到某个人耳边窃窃私语，这容易引起别人的反感，有可能使谈话者产生误会：有什么事不好当着大家讲？如果确有私事要说，不如请他到另一边再谈。撇开众人，只跟一小帮人交谈，也说明还不善于与大家打交道。

（7）当遇到自己的熟人正在与人交谈时，如果打算加入，一定要事先征得同意。

比如问一下“我能够有幸加入吗”或“不打搅吧”，得到许可后，方可加入。不要以为是自己熟人，就可随便加入别人的谈话。加入之后，应充当配角，不可一加入就口若悬河，滔滔不绝地唱起主角，以致影响交谈者的兴致。一旦发现自己加入后，原来的交谈者都缺少了兴致，应及早退回，不要因此让别人产生不好的印象。在碰到有人想加入自己的交谈时，通常应来者不拒。如果自己确有私事，不适宜外人介入，应及早婉言相告，比如可以说“对不起，我们有点私事想单独谈谈”或者说“我们过一会儿再谈，好吗”。一旦有其他人加入自己的谈话，就不要有意冷场，或是使用隐语、暗示等，使他人无所适从。

此外，在交谈过程中要始终注意不要扮演喋喋不休、逢人诉苦、无事不晓或一言不发的角色，这些都不利于交谈的进行，更不利于在众人面前建立良好的形象。最好选择节奏感比较轻松明快的开心一笑，瞬时拉近与别人的距离。

称谓礼仪

在传统意义上，称谓是指对亲属、朋友、同事或其他人员称呼时所使用的一种礼貌语，它能恰当地体现出当事人之间的隶属关系。称谓在这一意义层面上所包括的内容是非常广泛的，如有姓名称谓、性别称谓、亲属称谓、职务称谓等。在这里我们所说的称谓是指在现代日常生活中使用的国际通用称谓。恰当地使用国际通用称谓，是人们在社会交往活动中的一种基本礼节。

中国号称文明古国，世人誉之为礼仪之邦、君子之国，即使是在唇枪舌剑的论战中，我们的先人也同样讲究语言美。《礼记·仪礼》道："言语之美，穆穆皇皇。"

穆穆者，敬之和；皇皇者，正而美。就是说，对人说话要尊敬、和气，谈吐文雅。

1. 称呼对方

现在我们称呼对方的代词只有"你"和"您"，而古代，虽然有"汝"、"尔"、"若"、"而"、"乃"等好几个称法，但是他们无论对长辈、平辈说话时，从来不用这些词，认为如此称呼不礼貌。古人有多种多样表示尊敬的方法，大概有如下数种：

(1) 用"道德高尚"的说法称呼对方，如称人为"子"、"夫子"、"先生"等。

(2) 从辈分上尊称对方，如称人为"父老"、"父"、"丈人"、"母"、"媪"、"老伯"等。

(3) 称对方的字、号。

(4) 称对方的身份时加上"贤"、"尊"、"高"等字眼。如"贤侄"、"贤婿"等。

(5) 用对方的部下来代称对方，表示由于尊敬的缘故，不敢直接称呼对方。例如，"陛下"代称帝王，"殿下"代称皇后、太子，"阁下"、"足下"等代称一般人。

2. 自称

古代第一人称代词除了"我"以外，还有"余"、"吾"、"予"、"朕"、"台"、"某"等。但古人对长辈或平辈说话时，也不用它们，而是毫无例外地用谦称。例如：

(1) 用"道德不高尚"或"不聪明"的说法来称呼自己。如自称"鄙人"、"小人"、"愚"、"愚弟"等。

(2) "用辈分低"的说法来称自己。如自称"小弟"、"小侄"等。

(3) 用"地位卑微"的说法来称呼。如自称"臣"、"仆"、"在下"、"牛马走"等。

(4) 称自己的身份、职务，有

时还加上“卑”、“小”、“贫”等字眼。如自称“弟子”、“学生”、“小生”、“贫僧”、“卑吏”、“卑职”等。

(5) 直呼自己的名。如孔子自称“丘”。

古人的礼貌语言还表现在：凡是说到与对方有关的行为、人物、事情、物品时，大都要使用尊敬、委婉的说法，例如：

称别人的姓、名和字为“贵姓”、“大名”、“尊讳”、“尊字”等。

称别人年龄为“贵庚”、“尊庚”、“芳龄”、“高寿”等。

称别人的住处为“尊府”、“府上”、“尊寓”、“华居”等。

称别人的神态、相貌为“风采”等。

称别人的身体为“玉体”等。

称别人的亲属去世为“作故人”、“谢宾客”、“仙游”等。

同样，说到与自己有关的人和事物时，也一律采用谦虚的说法，例如：

称自己的妻子为“拙荆”。

称自己的孩子为“犬子”。

称自己的朋友为“敝友”。

称自己的意见为“愚见”、“愚计”。

向别人询问叫“拜问”。

古汉语中还有一类很突出的词，叫“谦敬副词”。例如“蒙”、“窃”、“幸”、“猥”、“辱”、“敬”、“惠”、“谨”等。

这些谦敬副词，和上面所谈的尊称、谦称以及委婉语、讳饰语等，都是我国古代的礼貌语言，体现了我国古代语言美的优良传统。

3. 交友称谓

人总是要交朋友的。自古以来，对交什么性质的朋友，都有明确的称谓。

忘年交：打破年龄、辈分的差异而结为好朋友。

忘形交：不拘形迹的缺欠或丑陋，结成不分你我的朋友。

君子交：指道义之交，即在道义上相互支持的朋友。

莫逆交：指彼此心意相通，无所违逆。

刎颈交：指友谊深挚，可以同生死，共患难。

贫贱交：穷困潦倒时结交的朋友。

布衣交：彼此没有做官而结交。

患难之交：同经磨炼而成为朋友。

至交：友谊最深的朋友。

世交：也称世谊、世好，泛指两家世代交情。

故交：故旧、旧交、故人，泛指有旧的交情。

一面之交：仅仅相识，但不甚了解。

市道交：古时以做买卖的手段结交的朋友，因其重利而忘义，后称小人之交。

介绍礼仪

介绍是人际交往的开始，也是人际交往顺利进行下去的基础。介绍分自我介绍、为他人介绍和被他人介绍三种形式。

1. 自我介绍

在人际交往中如能正确地利用介绍，不仅可以扩大自己的交际范围，广交朋友，而且有助于自我展示、自我宣传，在交往中消除误会，减少麻烦。自我介绍，即将本人介绍给他人。从礼仪上讲，作自我介绍时应注意下述问题：

自我介绍

（1）自我介绍的时机。

在下面场合有必要进行适当的自我介绍，如应试求学时；在交往中与不相识者相处时；有不相识者表现出对自己感兴趣时；有不相识者要求自己做自我介绍时；有求于人而对方对自己不甚了解或一无所知时；旅行途中，与他人不期而遇，并且有必要与之建立临时接触时；自我推荐、自我宣传时。如欲结识某些人或某个人，而又无人引见，如有可能，即可向对方自报家门，将自己介绍给对方。

（2）自我介绍的注意事项。

注意时机：要抓住时机，在适当的场合进行自我介绍，选对方有空闲，而且情绪较好，又有兴趣时，这样就不会打扰对方。

讲究态度：态度一定要自然、友善、亲切、随和。应镇定自信、落落大方、彬彬有礼。既不能唯唯诺诺，又不能虚张声势，轻浮夸张。要表达出自己渴望认识对方的真诚情感。任何人都以被他人重视为荣幸，如果你态度热忱，对方也会热忱。语气要自然，语速要正常，语音要清晰。

在自我介绍时镇定自若，潇洒大方，有助于给人以好感；相反，如果你流露出畏怯和紧张，结结巴巴，目光不定，面红耳赤，手忙脚乱，则会为他人所轻视，彼此间的沟通便有了阻隔。

注意时间：自我介绍还要简洁，言简意赅，尽可能地节省时间，以半分钟左右为佳，不宜超过1分钟，而且愈短愈好。话说得多了，不仅显得啰唆，而且交往对象也未必记得住。为了节省时间，作自我介绍时，还可利用名片、介绍信加以辅助。

注意内容：自我介绍的内容包括

三项基本要素：本人的姓名、供职的单位以及具体部门、担任的职务和所从事的具体工作。这三项要素，在自我介绍时，应一气连续报出，这样既有助于给人以完整的印象，又可以节省时间，不说废话。要真实诚恳，实事求是，不可自吹自擂，夸大其辞。

注意方法：进行自我介绍，应先向对方点头致意，得到回应后再向对方介绍自己。如果有介绍人在场，自我介绍则被视为不礼貌。应善于用眼神表达自己的友善、关心以及沟通的渴望。如果你想认识某人，最好预先获得一些有关他的资料或情况，诸如性格、特长及兴趣爱好。这样在自我介绍后，便很容易融洽交谈。在获得对方的姓名之后，不妨口头加重语气重复一次，因为每个人最乐意听到自己的名字。

2. 为他人介绍

当要将某人介绍给别人时，按礼宾顺序应该是：把年轻者介绍给年长者，把职位低者介绍给职位高者。如果双方年龄、职位相当，则把男士介绍给女士，把家人介绍给同事、朋友，把未婚者介绍给已婚者，把后来者介绍给先到者。在人数众多的场合，如果其中没有职位及身份特殊的人在场，又是年龄相仿的人聚会，则可按照一定的次序一一介绍。为他人作介绍时，应简洁清楚，不能含糊其辞。介绍时，还可简要地提供一些情况，如双方的职业、籍贯等，便于不相识的两人相互交谈。如果是单独介绍两人相识，应该事先了解一下他们彼此是否都有想认识对方的愿望，免得造成不必要的尴尬。在向他人介绍某人时，不可用手指指指点点，应有礼貌地以手掌示意。

3. 被别人介绍

当被介绍给他人时，应该面对着对方，显示出想结识对方的诚意。等介绍完毕后，可以握一握手并说“你好”、“幸会”、“久仰”等客气话表示友好。如果你是一位男士，被介绍给一位女士，则应该主动点头并稍稍欠身，然后等候对方的反应。按一般规矩，男士不要先伸手，如果对方伸出手来，男士应立即伸手轻轻一握。如果你是一位女士，被介绍给一位男士时，一般来说，微笑点头也就合乎礼貌了，如你愿意和对方握手，则可以先伸出手来。介绍时，除女士和长者外，一般应起立，但在宴会桌上、会谈桌上可不必起立，被介绍者只要微笑点头有所表示即可。

在交际场合，一般在相互介绍时要握手。握手也有先后顺序，应由主人、年长者、身份高者、女士先伸手，客人、年轻者、身份低者见面先问候，待对方伸出手后再握。多人同时握手，切忌交叉进行，应等别人握手完毕后再伸手。男士在握手前应先脱下手套，摘下帽子，握手时双目应注视对方，微笑致意。年轻者对年长者、身份低者对身份高者握手时应稍稍欠身，双手握住对方的手，以示尊敬。男士与女士握手时，应只轻轻握一下女士的手指部分。

交往应该保持的距离

青少年之间交往，无论是交谈、聚会、集会、同行、活动等均有一个彼此之间保持距离的问题。应该保持在礼仪允许的范围。

1. 距离的种类

一般说，在上述交往活动中，有三种距离是应当了解和遵循的。这三种距离就是：公众距离、交流距离、亲密距离。

（1）公众距离。指一个人同时对多人说话，说话对象不固定，不明确指向某一个人。可能是一个人的即兴发言，如集会中、课堂上，这个距离一般不固定，可以视场地条件而定。一般应保持较大的人与人之间的距离。

对陌生人、不太熟悉的人，也应保持这个较大的距离。

（2）交流距离。指的是两个人说话时，彼此之间的距离。说话对象专一，谈话的内容是有主题的。如老师找学生个别谈话，需要彼此听清对方的话并随时作出反应。因此，应保持在 0.5～1.5 米的距离内。距离太近，两人都会觉得别扭；距离太远，彼此说话听不真切，声音大了，又像在吵架，也不合适。

（3）亲密距离。指亲人之间或非常亲密的朋友之间交往、谈话时彼此之间的距离，这个距离一般在 20～60 厘米。

2. 为什么要注意保持距离

每个人都有自己的自尊，无故触及别人的身体的任何一个部位的行为，被视为对对方的侵犯，是对对方的挑衅或鄙视，是一种侮辱人的行为。对人的身体如此，对他身体周围形成的空间也如此。每个人身体四周 20～60 厘米以内的空间，视为私人空间，侵入这个空间，就如同对人体的侵犯。

同学们都有这样的经历，不十分要好的同学之间开玩笑，你拉他的胳臂，摸他的脸一下，他会很恼火，甚至跟你急了。你可能还会怨别人不识逗，其实错在你自己。

我们还可以看到这样一个现象，两三岁的幼儿，他的亲人如妈妈、爸爸抚摸他，他会很高兴，其他人，特别是陌生人抚摸他，他可能会下意识地躲避。

这都说明，在亲密空间内有人的尊严。不是十分熟识、亲密的人，未经过他本人的允许，是不能进入这个空间的。进入了，他会感到受到挑衅或侮辱，从而引起下意识的自卫动作。相反，如果特别要好的几个好朋友相处，举止上就不必考虑这个问题，可以随便一些。

男女生之间的交往，特别要注意

保持适当的距离，宁可远些，不必凑得太近，以防因此失礼而造成错觉。

当然，在公众场合，人多而且很拥挤的情况下，不可能保持这个礼仪所需的距离。这时可以照以下的办法做。

(1) 不向任何人搭话，包括很熟悉的人。

(2) 注意不与别人的眼光相遇，偶尔相遇，立即移开。若在公共汽车上，最好是看着窗外或车内的广告一类的固定目标。电梯内则看着显示楼层数的数字板。

(3) 在会场上、剧场剧院内等地，尽量避免交谈。

(4) 保持冷漠的态度，手、脚动作尽可能减到最小的程度，尽量少挪动。如在公共汽车上，人挤人，你感到旁边人的手或腿挤着你，使你难堪，又躲不开，一般情况下，不必破口大骂，可以动一动身体，以告示对方，对方若识礼，通常会调整自己的位置的。男同学在乘车时，要特别注意自己站的位置，尽量往男性多的地方挪，避免挤在女性中间而造成误会。

3. 心理距离

人际交往礼仪中，除了这个实际距离外，还应注意保持适当的心理距离。心理距离常常由个人的情感、表情、眼神中表现出来。如初次相识的人，乱套近乎，胡乱吹捧，这个心理距离就不对了。对方感到的恰恰是你对他不尊重，因为你缺乏诚意。

保持适当的心理距离，可以采取以下做法。

(1) 对于初交的人，热情而不虚浮。即主动、热情招呼、照顾对方，对方的询问要耐心明确给以回答，给以帮助。对于求助于你的人也应如此。电视台有一个“广而告之”的节目，反映问路难。被问的人回答时，答案不明确，或态度冷漠，甚至以脚指方向，十分失礼。从礼仪角度说，不仅言行举止不礼貌，心理距离也不对，远远超乎人与人之间所应有的和睦与友善，是对问路人极不尊重的表现。

(2) 对于要好的同学，要真诚、坦率，实言相对。心口不一很不好。

(3) 对于有不良习气或不当企图的人，可以忍让，但不必怯懦。对于对方的言行举止可以置之不理或直言警告、拒绝，自己该做什么还做什么，该怎么做还怎么做。不必躲避对方，也不必故意做出不理睬、冷漠的样子。可以在交往中严格保持较大的心理距离和实际距离，以表示出不怕对方，并在不失礼的情况下，以自己的稳重、端庄制约对方的行为，保护自己。

运动员礼仪

运动场上的礼仪

运动场上，你希望得到大家的赞许吗？那么在努力取得好成绩的同时，还应该遵循运动场上的礼仪。

遵守比赛时间

无论何种比赛，都是严格安排好时间顺序的。综合性的运动会，常常是多个项目同时进行，必须在预定的时间内完成，才能保证所有运动项目按时完成。因此，运动员按时参加检录、按时参赛是一种礼仪。而且当喊到自己的运动员号码时，应该恭敬回答。

因故不能按时参赛，要有礼貌地向有关裁判员讲清原因。到比赛场地，要向裁判员请求准予补赛。

遵守比赛规则

没有规矩，不成方圆，任何比赛都有明确而详尽的比赛规则，以保证竞赛公平。有时，因为场地等条件所限，有特殊的要求。比如有的学校为保护场地，不允许穿钉鞋上场；中长距离跑的比赛，不允许带跑；超越前面的运动员时，不准从里边超过，更不允许用手推人，用肩膀推挤。这些都应认真遵守。

运动员要尊重对手

奥林匹克运动有一句著名的格言："更快、更高、更强"。它要求运动员要以坚定的信念、满腔的热情和高度的使命感，积极投身到比赛中去，以超越自我和竞争对手。超越自我是运动员不断进步的精神力量，超越竞争对手而成为优胜者则是运动员拼搏的目标。但是，超越应该建立在尊重对手的基础上，运动员只有尊重对手才能发挥自己的真实水平，才能得到别人根本的拥护和尊敬。奥地利作家卡夫卡说："善待你的对手，方尽显品格的力量和生存的智慧。"不要忌妒对手，而要学会尊重和了解对手，因为竞争对手是运动员的赛场标靶，运动员只有学会尊重和了解对手，才能在与强劲对手竞争时发现自己的不足，才能增强自己的危机感和风险意识，才能总结经验教训，取人之长，补己之短。尊重对手，就是尊重自己。

现代体育史上有许多因为对对手的尊重而一直被人们所称道的事例。

在 2004 年 8 月 16 日凌晨的雅典奥运会女子重剑决赛中出现了一个令所有观众感动的场面：弗莱塞尔的比赛装置临时出现了问题，纳吉主动走上前去帮她整理好服装，然后双方才进入比赛。纳吉的这一举动赢得了全场雷鸣般的掌声——尊重对手方显君子之风。纳吉的举动体现了一个优秀运动员的气度和胸怀，她不仅拿到了奖牌，更赢得了对手和所有观众的尊重。

2006 年 11 月 30 日多哈亚运会女子乒乓球团体 1/4 决赛中国队与日本队的比赛中也有类似的场景：郭跃与福原爱打到第三局的关键时刻，郭跃发球擦网，裁判没看见，福原爱又示意迟了，裁判判郭跃得分。郭跃后来用主动失误还了福原爱 1 分，教练施之皓也赞许地笑了笑。这一局郭跃输了，为电视台解说的杨影客观地总结说："要是郭跃不还那 1 分，当时福原爱就落后 3 分，这一局恐怕郭跃就拿下了。"其实郭跃主动输这 1 分比赢那一局更有意义，年轻的郭跃懂得公平竞争，懂得赛场礼貌，这才是世界一流运动员的精神面貌。

运动员尊重对手主要体现在：

（1）进入赛场后，双方队员应该真诚地相互点头致意或握手问好，不要蜻蜓点水式地走过场。在做赛前热身活动时，需要双方配合的项目如乒乓球、羽毛球等，运动员应该相互尊重，主动捡球，积极跑动，不做极端动作。

（2）在比赛过程中，竞赛双方无意中难免有一些不当的言行或动作，这时一定要谅解对方，不应该"以牙还牙"地报复对方。运动员不应该有故意干扰对方的举止，如用小动作干扰对方或在比赛中磨蹭时间等。在任何情况下，运动员都不能谩骂对手，也不能用动作或表情激怒或侮辱对手。

（3）比赛双方总有水平高低之分，作为强者，不能趾高气扬，得意忘形，不能在对手失误或比分落后的情况下讥笑或鄙视对方；作为弱者，要以实力顽强地与强手抗争到底，不能由于心急而摔打比赛器具或故意伤人。

(4) 比赛结束时，双方要握手示意友好。优胜者应该主动和对手握手，并致以微笑；失利者要通过握手向获胜者祝贺，不能表现出不高兴甚至恼羞成怒。值得注意的是，在赛场上经常看到个别运动员在与对手握手时，只是把手伸过去碰对方一下，眼睛都没有瞧对方，这种不礼貌的握手确实有失风度，还不如不握。原中国奥委会副主席魏纪中谈到赛场上的文明、礼貌时曾经说过，在他接触过的数不清的外国运动员中，有一个人给他留下的印象特别深，那就是匈牙利乒乓球运动员西多。20 世纪 50 年代，西多常到中国来比赛，由于年龄渐大，身体又胖，他在中国的比赛基本是输球多，赢球少。但他在输球后表现得特别有风度，总是由衷地夸奖对手说："啊，你今天打得真好!"魏老感慨地说："现在的运动员比赛输了以后，最多是向对方祝贺一下，但是像西多那样发自内心地赞扬对手的情形已经很少能够见到了。"正是西多对对手的充分尊重而使魏老记住了他。

运动员要尊重贵宾

逢到有贵宾参加运动比赛作观摩时，运动员首先应在赛场中间向主席台上的贵宾鞠躬和挥手致敬，这是表示友好和尊敬的礼节。若参赛双方队长和队员之间举行互赠队旗和纪念品时，运动队的队长或代表，还可跑步登上主席台，向贵宾赠送礼品或鲜花，并与贵宾握手拥抱，表示热烈欢迎贵宾光临观摩。

比赛结束时，运动员也应首先向主席台和贵宾鞠躬致敬。当优胜队获得奖杯时，则可将其高高举起，向主席台和贵宾亮相，以表示共享胜利的喜悦。

运动员要尊重观众

体育是建立在群众基础上的，离开了群众基础，也就失去了根本。再精彩的体育比赛如果没有观众的喝彩和支持，就会变得没有意义。运动员应该珍惜观众的支持，在比赛中要对观众负责，尊重观众欣赏比赛的权利。尊重观众是一个运动员的必备素质，它包括以下几方面的内容：

(1) 在上场比赛时运动员应该精神饱满，斗志旺盛，面向四周的观众要鞠躬行礼或挥手致意。

(2) 比赛中，运动员与观众应该是互动的，运动员要尽自己最大的努力，发挥最佳水平，使观众在激烈的竞争中欣赏自己的技艺并得到美的享受。运动员要坚决避免那些漫不经心、自暴自弃、弄虚作假或中止比赛的做法，这些行为不仅践踏了体育精神，也是对热心观众的不尊重。观众想看的是真正的竞技，一个运动员，不论是否获得名次，只要在比赛中进行了顽强拼搏，就必将受到观众的尊重。

（3）观众看比赛一般都带有倾向性，观赛时会热情地为自己倾心的运动员（运动队）加油鼓劲。而热情的观众、热烈的比赛场面更容易激起运动员的激情，使比赛的争夺更激烈，这也正是竞技体育的魅力所在。要注意的是，当观众对某个运动员或某一阶段比赛不满意时，往往会通过声音将其不满表现出来。这时，运动员要排除干扰，不受影响，坚持比赛，不要在赛场上无谓地耍脾气、扔比赛器具甚至拒绝比赛。我们说，在这种情况下，运动员越是尊重观众，努力通过出色的表现来证明自己，越能赢得观众的掌声和拥护。

（4）在比赛结束时，不论是输是赢，运动员都要有礼貌地向观众致谢。在离场时，如果有观众拥上前来握手或请求签名题字，运动员要热情应对。不能冷落观众，伤害其自尊心。

运动员无论参加何种类型的体育比赛，在赛前和赛后都应通过适当的礼貌举动，来向观众表示敬意。只有这样，运动员才能进一步同观众心心相印，并获得观众的拥戴和尊敬。

因此，比赛前运动员在赛场中除了向主席台上的官员和对方运动员致礼外，还应热情向四周的观众挥手或鞠躬，来表示自己的敬意。同时，这样做也具有给观众留下亲切、随和形象的意义，使观众在心理上能接受和喜爱自己的表演。

比赛后，运动员无论比赛胜负如何，同样也应向观众挥手或鞠躬致意，其意在感谢观众的光临和鼓励。同时这也是向观众告别。尤其是比赛的优胜者，视场上的情况，有时还可绕场一周，对观众的喝彩和欢呼声表示感谢，让观众与自己一起分享胜利的喜悦。

运动员要尊重自己

中国传统文化强调一个人要自尊、要知耻，要在品格和行为上严格要求自己，只有这样才能赢得别人的尊重。一个自轻自贱的人是不会获得别人尊重的。

运动员尊重自己，首先要尊重自己的实力，不通过作假、舞弊和蒙蔽对手等拙劣手段来取胜。其次，运动员要漂亮地登场，完美地谢幕，无论输赢，在赛场上都要做到有始有终，坚持到底。再次，运动员要注重自己的言行，不要成为别人的笑柄。

竞技体育较量的是胜负高低，比赛结果肯定有输有赢，能正确地对待输赢，也是运动员尊重自己的体现。运动员赢得比赛后，表现得欣喜若狂，这完全可以理解。但有的运动员在激情难耐的情况下，常常会做出一些粗俗的行为，如把衣服撕了，跪到地上甚至躺在地上大吼大叫长时间不起，疯狂抛掷手中的比赛器具等，这些行为让人看了很反感。而当输了比赛后，一些运动员又有另外一种低俗的表现，如踢桌子、砸球拍、怒视对手和观众、赛后拒绝与对手握手等，这些行为用通常的话说叫做输不起。运动员如果输不起，就算水平再高，也不会赢得相应的赞誉。毕竟观众是来欣赏比赛的，不是来看哪个仅仅具有一技之长的人因不如愿而大耍脾气的。

一个运动员在大庭广众之下的表现，是构成其个人形象的一个重要组成部分。运动员只有尊重自己，才能获得别人的尊重和喜爱。

敬爱的周恩来总理曾经说过他最喜欢的运动员是日本乒乓球运动员松崎君代。他说："这个运动员好，我们大家都应该向她学习，因为她在比赛中始终面带微笑。"松崎君代在比赛中始终如一的笑就是运动员要自尊的最好诠释，因而赢得了周总理对她的喜爱。

体育从来都不应成为只见奖牌、不见精神的单纯竞技。一名运动员在赛场上的个性展示绝不能以亵渎体育精神为代价。那些尊重比赛、尊重自己、顽强拼搏，真正体现奥林匹克精神的运动员就算在比赛中拿不到奖牌也一样能赢得世人的尊敬。

运动员要尊重队友

很多体育项目是多名运动员参与的集体竞技项目。在比赛中，运动员之间的相互配合是技、战术发挥的基础。因此，团结奋进、顾全大局、尊重队友就构成运动员道德修养的又一个重要内容。尊重队友主要体现在以下几个方面：

（1）集体比赛项目要求本队运动员之间相互配合、相互信任，以使全队的整体水平得以充分发挥。比赛中运动员不要一味地突出自己、表现自己而不与队友配合。个人主义和英雄主义往往导致比赛的失利，并对全队的团结和士气产生消极影响。

（2）当遇到队友失误或与自己配合不好时，要以适当的方式安慰和

运动员要尊重队友

激励队友，如与队友击掌、微笑着向队友点头示意等，而不要指责或谩骂队友。队员之间只有相互团结、共同进取才能取得好成绩。

（3）在比赛中，同队队友之间争夺冠亚军的现象时有发生。在这种情况下，除了在比赛过程中要尊重队友外，在领奖时更要心服口服地尊重对方。有的队员自认为自己水平高，可在比赛时偏偏又发挥失常而没有拿到金牌，就对拿到金牌的队友产生鄙视、妒忌甚至怨恨的情绪，在领奖时冷若冰霜，不与队友握手祝贺，甚至赛后也拒绝与队友表示友好。这些行为都违反了体育竞技的基本道德，是与优秀运动员所应有的素质背道而驰的。

运动员要尊重裁判员

任何体育比赛项目都有自己的规则，运动员一定要在遵守规则的基础上进行竞技。裁判员是确保规则执行的法官，他们代表着规则与秩序、公正与公平，享有各单项体育组织赋予的执法权，代表着专业与权威。因此，运动员必须无条件地尊重裁判员。尊重裁判员是运动员最基本的礼仪之一。

运动员对裁判员的尊重包含下面几层含义：

（1）尊重裁判员是对体育事业的尊重。人们都是热爱自己事业的，运动员也一样，要为自己所从事的体育事业进行拼搏并为其增添荣誉而不是去损毁它。裁判员是体育比赛的执法者，运动员不尊重裁判会导致比赛无法正常进行，运动员的个人水平也就无法正常发挥。更为严重的是，对裁判员粗暴地理论、争辩、指责甚至打骂有可能导致运动员自己被驱逐出场或被停赛而断送自己从事的体育事业。因此，作为运动员，不应把过多的注意力放在裁判员是否公正仲裁上，一遇挫折就指责裁判员。优秀运动员总能有效控制自己的情绪，他们将精力集中在比赛上而不是用一些愚蠢的举动来影响自己的前程。

（2）尊重裁判员是对裁判员职能的尊重。裁判员是现代体育竞赛不可或缺的角色，而能登上国际大型赛场的裁判员是经过各种形式的选拔后产生的，代表着各项目执法的顶尖水平，像奥运会各单项体育组织都会对裁判员进行相应选拔，裁判员除具有高超的执法水平外，还要具备优秀的执法记录、良好的沟通能力等条件。所以裁判员作出的判决是基于其职业行为，代表该项赛事权威部门执法，尊重其判决结果就是对裁判员这个职业的尊重。运动员应该从心里尊重裁判员的职能，感激裁判员的服务。在比赛结束的时候，无论胜败如何，运动员都要主动和裁判员握手，并致以微笑和感谢。

（3）尊重裁判员是对比赛现场秩序的尊重。裁判员在赛场上代表着规则和秩序，运动员尊重裁判员就是在为自己和其他队员创造良好的比赛环境。在这方面，运动员应该做到：对出现的误判、错判、漏判或不公平打分等一定要冷静，可礼貌地向裁判员简要说明事实，如果裁判员坚持原判，运动员应立即继续进行比赛，而不能威逼裁判员改判，甚至谩骂、侮辱、追逐、殴打裁判员；对于裁判员可能的不公平判决，运动员不能有故意损坏器材、大声喊叫或拖延比赛等不良行为。另外，运动员在赛场上对裁判员的态度也会影响观众对裁判员的态度。运动员首先要做尊重裁判员的表率，在裁判员与观众有不同意见的情况下要协助化解不良情绪，以维护整个赛场的秩序。

俄罗斯老将涅莫夫在 2004 年雅典奥运会单杠决赛中的表现就是对比赛现场秩序尊重的最好诠释。第三个出场的涅莫夫以 4 个空翻抓杠的惊险动作，丝丝入扣的连接，赢得满堂惊呼和喝彩。但大屏幕上最后显示的裁判打分只有 9.725 分，这个分数比前两个出场的选手低了 0.062 分。不同国籍的观众同时站起来为涅莫夫鸣不平。在无法收场的情况下，涅莫夫走上赛台，双手下压，示意观众停止起哄。嘘声渐止，取而代之的是献给涅莫夫热烈的掌声。涅莫夫没能拿到奖牌，但在退场时所得到的掌声，远远超过奖牌的分量。

老将涅莫夫

（4）尊重裁判员是对裁判员人格的尊重。作为一个自然人，裁判员和其他任何人一样理应受到人格上的尊重，享有不受伤害的权利。运动员辱骂、殴打裁判员等行为不仅有损人格，还是违法行为。假如裁判员在执法过程中出现了明显的误判，运动员可以通过正常渠道申诉，即使改变不了比赛结果，也是对裁判员的一个提醒，但绝不可在赛场上做出有损裁判员人格的事情。

运动比赛中，运动员与裁判员之间存在着一种相互平等和相互尊重的关系。运动员在比赛中的一切良好行为和表演，都会受到裁判员的肯定和保护。因此，比赛前运动员应主动、热情地向裁判员迎去，并握手致意，以表示自己愿在公平的条件下进行比赛，一切听从裁判员的判决。比赛

向裁判表示敬意

后，运动员也应主动与裁判员握手，以表示感谢。即使是比赛失利的一方，也应这样做，表现出良好的礼貌修养，切不可一输比赛，就连向裁判员和观众致意的礼节也不顾，更不能无故地迁怒于裁判员。

运动员无论自己的胜败如何，除了向裁判员握手致谢外，还可向裁判员简短说几句表示敬意和感谢的话。

以上做法，体现了运动员在赛场上比赛技艺，在赛场下不丢作风和重视礼貌的精神面貌，从而，给裁判和观众留下有着良好的体育道德作风的印象。

体育比赛中的服饰礼仪

田径运动员的服饰

田径比赛中，一个队的运动员必须穿统一整洁的运动服装，其式样应

田径运动员的服饰

大方、合身。衣料应为湿后不透明或深色的结实材料。运动服上的主要部位，不得有明显的商标。运动员须在胸前和背后各佩戴一个相同的号码，号码为仿宋体。撑竿跳高和跳高比赛例外，运动员可在胸前或背后只佩戴一个号码。终点设有摄影装置时，运动员须在短裤两侧佩戴号码。

足球运动员的服饰

进行足球比赛，运动员的通常装备是运动衣、短裤，长袜和球鞋，不得穿戴危及其他队员的任何物体。球鞋鞋底横条应用皮革或橡胶制成，要

足球运动员的服饰

横装而扁平，所有棱角均须打磨光圆；凡分别安装在鞋底上可以更换的钉柱，均应用皮革、橡胶、铝材、塑料或类似的质料制成，并牢固地嵌在鞋底上。球鞋不能有任何形状突出的锋利边缘，或凸出的线条或装饰品。长筒袜内可装护板。守门员球衣的颜色必须与其他队员及裁判员有明显的区别。

篮球运动员的服饰

篮球比赛时，运动员上衣前后须有明显的号码，但不得使用空心号码。号码颜色须一致，并与上衣颜色有明显的区别。球队必须使用 4 至 15 的号码。同队队员应该穿相同颜色的上衣，胸前和背后的颜色要一致。

比赛中，双方队员的球衣颜色要有所区别。如双方运动员运动衣的颜色相冲突，应由主队改换服装。参加竞赛时，一个球队必须至少备有两套服装，一套是浅色的，一套是深色的。如电视转播比赛，则要求一队穿浅色运动衣，另一队穿深色运动衣。

篮球运动员的服饰

排球运动员的服饰

排球比赛时，一支球队队员的服装必须统一、整洁和颜色相同，包括上衣和短裤。队员上衣必须有号码，应为 1 号至 15 号。上衣号码颜色必须与上衣颜色明显不同。运动员必须穿不带后跟的柔软轻便的胶底或皮底运动鞋。比赛中，双方球衣颜色应相区别。如到场后发现双方所着服饰颜色相同，主队须更换服装。如在第三方场地进行比赛，则先登记在记录表

排球运动员的服饰

网球运动员的服饰

上的队须更换服装。在排球比赛中，运动员不得佩戴首饰、别针或项链。

网球运动员的服饰

进行网球比赛，运动员的服装颜色一般为白色。男运动员着短袖上衣、短裤及运动鞋；女运动员着短袖上衣、特别超短裙（一般称网球裙）及运动鞋。

乒乓球运动员的服饰

乒乓球运动员的比赛服，一般包括短袖衣和短裤（或裙子）、短袜和比赛鞋。只有得到裁判长特殊许可，运动员比赛时方可穿其他服装，如长袖衣、长裤等。

短袖衣、短裤或裙子应为除白色以外的任何均匀一致的颜色，但比赛服的领子和袖子可以由对比鲜明的颜色或除白色外的其他颜色制成，比赛服的底色可包括同一方向除白色以外的颜色鲜明的细条纹，条纹宽度不可超过 1 毫米，间距不可少于 30 毫米。比赛服的边缘或侧面接缝处，可用白色或其他颜色做装饰，但总宽度不可超过 10 毫米。

乒乓球运动员的服饰

乒乓球比赛服上，可以戴有在 16 平方厘米总面积之内的商标、标记或名称，放在前面或侧面的总面积在 64 平方厘米之内的徽章或标记，以及乒乓球协会标记、运动员姓名、运动员号码、运动员所在单位名称等。但比赛服前面或侧面的任何标记或装饰物，以及运动员戴的装饰品，都不能有明显反光以致影响对手视线。在乒乓球团体赛中，同队运动员或同一单位组成的双打运动员，其服装应该统一（鞋、袜除外）。

羽毛球运动员的服饰

国际羽联主办的羽毛球世界锦标赛、汤姆斯杯赛和尤伯杯赛，规定运动员在比赛场上穿的服装颜色主要应

羽毛球运动员的服饰

为白色。必须经有关国家羽毛球组织的批准，该国运动员方可穿有颜色的服装。任何一个国家羽毛球组织为运动员所采用的服装颜色，应事先向国际羽联秘书处登记，此后，在该项全部比赛中，都要采用同样颜色。特别是双打比赛，同队两名运动员的服饰必须一样。如遇比赛双方运动员的服装颜色有冲突时，则双方均应改穿白颜色的服装。

手球运动员的服饰

手球比赛中，同队的场上队员应穿统一的服装，并应与对方相区别。守门员的服装，更应与比赛双方场上队员，包括对方守门员的服装有明显的区别。队员的号码为 1 至 20 号，1 号、12 号、16 号为守门员的号码。号码的颜色必须同所穿服装的颜色有明显的区别。队员必须穿运动鞋。禁止运动员佩戴手镯、手表、戒指、项链、耳环、无架或无边眼镜，以及其他可能危害队员安全的物品。不符合这些要求的队员，在未摘掉违章物品以前，不得参加比赛。

摔跤运动员的服饰

中国式摔跤比赛，运动员要穿规定的摔跤衣。摔跤衣为无领、前开襟、短袖，由 6 层棉布制成。在领襟、胸襟、小袖等抓把部位要缝得稍密。摔跤衣规格尺寸分大、中、小和特号 4 种。摔跤衣外层分国红和天蓝 2 种颜色，其袖口、两侧、前襟（宽 3 厘米）及下口（宽 2 厘米）的边缘要有花纹，颜色要美观、大方和协调，并有中国民族特色。摔跤衣的腰

带也用6层棉布制成，颜色与摔跤衣相同。腰带固定在背后至两侧，带子宽2.5厘米，长度依摔跤衣规格尺寸分4种。表演摔跤衣的规格尺寸与比赛摔跤衣相同，但外层用绸缎制成。比赛时，运动员应穿紧身、瘦腿、有拉带的摔跤裤，其颜色与所穿摔跤衣的颜色相同。

摔跤运动员的服饰

参加古典式、自由式摔跤比赛，运动员须穿国际摔跤联合会规定的摔跤服上场。摔跤服应是一色的，为红色或蓝色。摔跤服内必须穿护身和三角裤，并要配有一块手帕。摔跤服必须贴身，颈和肩的袒露部分不得宽于两手掌。允许戴薄护膝，不能戴耳帽或头盔，但可以戴有弹性的编织物。不能在摔跤服上增添任何东西，由于受伤或其他原因，在比赛暂停时，运动员可以自己披上服装或大浴巾。运动员必须穿紧固踝关节并且合脚的摔跤鞋，不能使用带鞋跟、钉鞋底、有纽扣或者附有其他铁器的摔跤鞋。特别要注意鞋带，其上面的铁环或硬结必须剪去。比赛时，运动员不能佩戴能伤及对手的物品，如戒指或手镯等；不能在身上涂用油脂或粘胶物；不能在腕、臂、踝等部位使用绷带，除非受伤或经大会指定的医生同意；在上垫子时，身体上不能有汗。此外，比赛称量体重时，运动员必须刚刚刮过胡须，或者蓄须数月之久。

柔道运动员的服饰

参加柔道比赛，运动员必须穿柔道服才能上场竞逐。柔道服应用牢固的棉质或类似材料制成，并且应完好无缺，没有破缝处。

柔道服应为白色或米黄色，上面不得带有不必要的标志。

柔道运动员的服饰

柔道服上衣的长度须过大腿的一半。上衣的袖长须过前臂的一半，但不得长过腕关节。在衣袖和臂之间（包括绷带），应留有5至8厘米的空隙。柔道服裤子也不得带有任何标志，其长度须过小腿的一半，但不能长过踝关节。在腿（包括绷带）和裤脚口之间，应留有5至8厘米的空隙。

运动员在腰部必须系一条结实的、其颜色代表段位的、宽4至5厘米的腰带。腰带要用方结系紧，以防止上衣敞开。其长度应为绕腰两周系好后，两端各留有20至30厘米长的空余段。比赛者还要在表示段位级别的腰带上系上红色或白色的标志带。标志带的宽度不小于5厘米，其长度在绕腰一周系好后，仍须留有20至30厘米的富余段。点名在前的一方运动员，系红色标志带。

女运动员必须在柔道衣内穿一件结实的白色或米黄色的T型短袖衣，其长度须长到能把底襟压在裤子里。

运动员所穿的柔道服必须洁净、干燥，不得有难闻的气味。

举重运动员的服饰

参加举重比赛，运动员必须穿规定的举重服。男运动员穿背心式紧身衫连裤；女运动员可穿圆领半袖或无袖紧身衫连裤，并必须戴胸罩，裤腿必须完全遮盖住臀部。

男运动员可穿护身或紧身的三角裤参加比赛。男女运动员均可在举重服内穿无领短袖衫，其袖长不得超过上臂的中部。

举重运动员的服饰

无领短袖衫和举重服颜色不限，它仍可带有本国或本单位的标志，但不能印有国内外广告性的有关标志。举重服外可再穿上整洁的短裤，但不能以无领短袖衫和短裤来代替举重服。

举重鞋的后跟应是正常形状的，鞋底不能超过鞋帮5毫米，鞋帮高不能超过130毫米。不能穿锥跟鞋。袜子高度应在膝盖以下。比赛时可用举重腰带，但必须系在举重服外，其最宽处不要超过120毫米。在腰带或服装内，不能垫用他物。

体操运动员的服饰

体操比赛中，男子运动员应穿背

心或短袖衫，以及长裤或连衣长裤；女子运动员应穿完整的紧身体操服。体操服要端正和不透明。如果体操服用花边（袖口或领子）或任何其他透明材料制成，则那一部分必须加衬。体操服可有袖也可无袖，窄肩带舞蹈服不得使用，背带宽度最少 5 厘米。

体操运动员的服饰

运动员服装的颜色可任意选择，但金、银或铜色除外。体操服上不许有任何装饰品，包括缎带、花或闪光片等。比赛时，运动员赤脚或穿体操鞋均可。运动员的发型要整洁朴素，要确保把发卡和发夹戴好，头发上也不能有闪光的物品。

艺术体操比赛的运动员都是女子，其服饰礼仪类同于体操比赛女运动员。参加艺术体操团体赛的 6 名运动员，她们的服装材料、样式和颜色必须一致。

游泳、跳水运动员的服饰

进行游泳或跳水比赛，运动员必须穿不透明的游泳衣（裤）。女游泳衣必须是完整的，不能是两截的。

花样游泳比赛运动员的服装，除了应遵循一般游泳比赛的服饰规定外，还规定：在参加规定动作比赛时，必须符合国际泳联的规定，运动员应穿深色游泳衣，戴白色帽子，自选动作的比赛服装应大方得体。

参加蹼泳比赛的运动员，必须穿不透明的游泳衣（裤），游泳衣不能是两截的，领深不得超过 10.2 厘米，下身两侧由髋骨上缘向下不得少于 5 厘米。游泳裤下身两侧由髋骨上缘向下不得少于 7.5 厘米。

游泳、跳水运动员的服饰

水球运动员的服饰

参加水球比赛，运动员必须穿游泳裤和内裤。运动员身上不得涂有油脂或其他类似的物质。运动员身上也不得佩戴任何容易使对方受伤的首饰或其他物件。

比赛时，一方运动员应戴深蓝色帽，另一方运动员戴白色帽。守门员则应戴红色帽。帽子应用长带系于颏下。在奥运会、世界锦标赛及其他国际泳联举办的比赛中，水球帽必须备有软性的护耳。守门员软性护耳的颜色必须和该队场上队员帽子的颜色相同。帽子的两侧应有号码。守门员规定戴1号帽，其他队员的帽号应从2号到13号。

击剑运动员的服饰

击剑运动员的比赛服装，应用白色、质地结实的材料制作，表面不能过于光滑。击剑服装由外套、内衣、裤子和护胸等组成。外套的长度，应使运动员呈实战姿势时能盖住击剑裤腰10厘米，并能盖住有效部位，重剑服装则要盖住整个躯干。外套的领口至少有3厘米高。内衣至少要用两层布制成，袖长要到肘弯处。裤子可穿长裤或中裤，但不能穿短裤。如穿

击剑运动员的服饰

长裤，应在脚背上扣紧；如穿中裤，则要在膝盖下扣紧。如穿过膝的中裤，必须穿白色长袜。女运动员外套内要戴硬质或金属的护胸。

自行车运动员的服饰

自行车运动员的比赛服装，上衣为短袖衫，颜色不限，短裤应为黑色。赛车场运动员可穿连衣裤，短裤仍应为黑色。整件衣服应从颈部起遮至膝关节以上至少10厘米。袜子为白色，公路赛时运动员必须穿，场地赛时可以不穿。

各参赛队比赛服装的图案、颜色不能有重样。参加国内比赛使用的服装图案、颜色，须报国家体委审定。运动员参加自行车比赛，要自始至终戴好安全帽，安全帽用塑料头盔或皮革帽子均可。

马术运动员的服饰

参加马术比赛，对运动员的服饰礼仪要求很独特。比赛和发奖时，如

马术运动员的服饰

骑手是公务人员，应穿国家马术联合会认可的一个马术俱乐部的制服、猎装、红外套或黑外套、白马裤、打猎帽、黑短筒靴或黑长筒靴。女公务人员穿浅黄褐色马裤，戴黑色圆礼帽或打猎帽。国际比赛时，骑手还要携带一打猎护身棒，必须穿白衬衫并戴白领带。如骑手是武装人员、警察，则穿公务服装或兵种服装。在马术比赛的其他场合（例如检查路线时），骑手穿的衣服必须雅致清洁，必须穿马靴、白衬衫，戴白领带。

骑手在列队受检阅、发奖品和奏国歌时要敬礼，否则，比赛裁判委员会可以拒绝其参加比赛，并且该骑手还可能被裁判委员会处以罚款。

射击运动员的服饰

参加射击比赛时，运动员的服装必须质地柔软。射击服全身厚度包括衬里在内，其单层厚度不能超过 2.5 厘米，双层厚度不能超过 5 厘米。射击服的长度不能超过运动员拳头的底面。射击服穿在身上要宽松，两门襟合拢后叠合不少于 70 毫米。不能在衣服外边或加固垫上用粘贴物质、液体或喷雾等来防止滑动，但粗糙的射击服材料是允许的。

射击运动员的服饰

射击裤不能高过通常的腰线，不能使用吊带、拉链和扣针等束紧腿部或髋部。可使用普通腰带，但宽不能超过 40 毫米，厚不能超过 3 毫米。也可用松紧带束紧裤子，宽度不能超

过70毫米。如果不穿专用的射击裤，也可穿普通裤，但不能起人为的支撑作用。射击服里的内衣内裤，其厚度同射击服的规定一样，也不能起支撑作用。

射击运动员还需戴手套，才能上场比赛。

射箭运动员的服饰

参加射箭比赛，运动员必须穿规定的比赛服装，并要佩戴本单位标志及大会规定的号码，号码钉在后背中间。女运动员服装为白色长袖或短袖上衣，裙子或长裤。男运动员服装为白色长袖或短袖上衣，长裤。运动员所穿鞋型不限，但不准穿拖鞋和赤脚，也不能穿短裤、无袖上衣。

技巧运动员的服饰

参加技巧比赛，规定女子运动员穿体操服，男子运动员穿背心或短袖衫，长裤、短裤或连衣裤。国际比赛时，运动员服装上必须佩戴国徽。运动员可以赤脚或穿体操鞋。不允许戴花、亮片、花边或胸饰等装饰品。参加双人和集体项目的运动员，必须穿同样颜色和样式的服装。

健美运动员的服饰

参加健美比赛，男运动员必须穿规定式样的比赛三角裤，女运动员必须穿牢固的“比基尼”泳装。“比基尼”泳装必须是能使腹部肌肉和下背部肌肉都显露的。比赛服装规定是单色的，不能带有花纹、图案、商标和任何附加的装饰品，也不能带有金、银闪光色。混合双人健美比赛时，男女运动员的比赛服颜色，应是一致的单色。

健美比赛中，运动员的号码牌，须牢固地挂在或缝在比赛裤的左前侧。运动员在比赛进程中不能穿鞋、袜；不能戴手表、戒指、手镯、脚镯、项链、耳环、假发和其他装饰品；不能吃糖或吸烟，身上不能贴胶布或裹绷带，也不能有人工刺花。女运动员的头发不能披下超过肩部。运动员可以在全身进行人工上色，但必须在预赛前24小时就用上。运动员也可以在全身涂少量的油，例如植物油、皮肤乳或流质液体，但不能用珠光色油。绝对禁止在身上涂过多的油，如被裁判员发现，必须待擦去过量的油后，才能上场比赛。

单项比赛礼仪

田径运动

田径运动简介

田径是世界上最为普及的体育运动之一，也是历史最悠久的运动项目。远在上古时代，人们为了获得生活资料，在和大自然及禽兽的斗争中，不得不走或跑相当的距离，跳过各种障碍，投掷石块和使用各种捕猎工具。在劳动中不断地重复这些动作，便形成了走、跑、跳跃和投掷的各种技能。随着社会的发展，人们有意识地把走、跑、跳跃、投掷作为练习和比赛形式。据记载，最早的田径比赛，是公元前776年在希腊奥林匹克村举行的第1届古代奥运会上进行的，项目只有1个——短距离赛跑，跑道为一条直道，长192.27米。到公元前708年的第10届奥运会上，才正式列入了跳远、铁饼、标枪等田赛项目。当时只准男子参加，女子连观看也不行，违者处以死刑。

1894年，在英国举行了最早的现代田径运动国际比赛，比赛共分9个项目。真正的大型国际比赛是1896年开始举行的现代奥运会。它沿用古代奥运会每隔4年举行一次的制度，每届奥运会上，田径运动都是主要的比赛项目之一。从1928年第9届奥运会起，才增设了女子田径项目，此后，女子便参加了田径项目的比赛。

至今，田径运动仍然是体育比赛中观赏性极强的运动之一。

田径与游泳、射击被视为奥运金牌三大项目，51枚金牌也是奥运金牌最多的项目，“得田径者得天下”也由此而来。

田径运动包括跳、投类以有效成绩距离大者名次列前的田赛和跑、走、跨（含3000米障碍）类完成全程时间短者名次列前的径赛以及由上述田、径两类各部分项目组成的全能项目和短跑团体接力项目，是比速度、比高度、比远度和比耐力的体能项目，或要求在很短的时间内表现出最大的速度和力量，或要求在很长的时间内表现出最大的耐力，最能体现奥林匹克“更快、更高、更强”的比赛。

国际田联规定运动员参加奥运会必须在规定时间里达到规定的报名标准，个人项目每个单项达到 A 级标准的最多 3 名运动员参赛，如无达到 A 级标准的运动员，允许 1 名达到 B 级标准的运动员参赛，如无达到 B 级标准的运动员，则允许各报 1 名男女运动员参加除田赛项目、10000 米跑、七项全能、十项全能以外的其他项目比赛。接力项目每个协会每个项目最多 1 个队，接力运动员可报 6 名，其中可报 2 名未达标的运动员。

田径分项简介

短距离跑

简称短跑。跑是人类与生俱来的基本能力，自古以来就是一种比赛形式，几乎每个国家的文献中都有描述。据史料记载，短跑是公元前 776 年古希腊奥运会唯一的竞技项目，距离为 192.27 米。现代短跑起源于欧洲，最早被列入正式比赛是在 1850 年的牛津大学运动会上，当时设有 100 码（1 码 = 0.914 米）、330 码、440 码跑项目。19 世纪末，为规范项目设置，将赛跑距离由码制改为米制。初为职业选手的表演项目，后逐渐扩展到业余运动员。运动员比赛时必须使用起跑器，听信号统一起跑，必须自始至终在自己的跑道内跑动。奥运会比赛项目男、女均为 100 米跑、200 米跑和 400 米跑。其中男子项目 1896 年列入；女子 100 米跑和 200 米跑 1928 年列入，400 米跑 1964 年列入。

中距离跑

简称中跑。最初项目是 880 码跑和 1 英里（1 英里 = 1.609 千米）跑，从 19 世纪中叶开始，880 码跑和 1 英里跑项目逐渐被 800 米跑和 1500 米跑项目所替代。有的学者认为，中跑项目最早的正式比赛是 1847 年 11 月 1 日在英国伦敦举行的比赛，英国的利兰（John Leyland）以 2 分 01 秒的成绩获得 800 码跑冠军。原为职业选手的表演项目，后逐渐扩展到业余运动员。运动员比赛时不使用起跑器，听信号统一起跑。奥运会比赛项目男、女均为 800 米跑和 1500 米跑。其中男子项目 1896 年列入；女子 800 米跑 1938 年列入，1500 米跑 1972 年列入。

长距离跑

简称长跑。最初项目为 3 英里、

6英里跑，从19世纪中叶开始，逐渐被5000米跑和10000米跑替代。据记载，现代最早的正式长跑比赛是1847年4月5日在英国伦敦举行的职业比赛，英国的杰克逊以32分35秒的成绩夺得6英里跑冠军。奥运会比赛项目男、女均为5000米跑和10000米跑。男子项目1912年列入；女子5000米跑1996年列入，10000米跑1988年列入。

跨栏跑

起源于英国。由牧羊人跨越羊圈栅栏的游戏演变而来。跨栏跑最早使用的栏架是掩埋在地面上的木支架或栅栏，1900年出现可移动的倒T字形栏架。1935年有人将T形栏架改成L形栏架，L形栏架支脚的另一端朝向运动员的跑进方向，稍加阻力即可向前翻倒，减轻了运动员过栏时的恐惧心理。奥运会比赛项目分男子110米跨栏跑、400米跨栏跑（1896年列入）；女子100米跨栏跑（1932年列入，当时为80米跨栏跑，1972年改为100米跨栏跑）、400米跨栏跑（1984年列入）。男子110米跨栏跑的栏高为106厘米，400米跨栏跑的栏高为91.4厘米；女子100米跨栏跑的栏高为84厘米，400米跨栏跑的栏高为76.2厘米。比赛时，运动员必须跨越10个栏架，除故意用手推或用脚踢倒栏架外，身体其他部位碰倒栏架不算犯规。

跨栏跑

接力跑

田径运动中唯一的集体项目。以队为单位，每队4人，每人跑相同距离。其起源有多种说法，有的认为起源于古代奥运会祭祀仪式中的火炬传递，有的认为与非洲盛行的“搬运木料”或“搬运水坛”游戏有关，也有的认为是从传递信件文书的邮驿演变而来的。

接力跑

奥运会比赛项目分男、女4×100米接力跑和4×400米接力跑。1908年第4届奥运会首次设立接力项目，但4名运动员所跑距离不等。1912年第5届奥运会改设4×100米接力跑和 4×400 米接力跑。女子4×100 米接力跑和 4×400 米接力跑分别于 1928 年、1972 年被列入奥运会比赛项目。接力跑运动员必须持棒跑完各自规定的距离，并且必须在 20 米的接力区内完成传接棒。

障碍跑

19 世纪在英国兴起。最初在野外进行，跨越的障碍是树枝、河沟，各障碍间的距离也长短不一，19 世纪中叶开始在跑道上进行。有的研究报告指出，19 世纪时障碍跑的距离不统一，具有很大的随意性，短的 440 码，长的可达 3 英里。

1900 年第 2 届奥运会首次设立障碍跑，分 2500 米和 4000 米两个项目。从 1904 年第 3 届奥运会起将障碍跑的距离确定为 3000 米，并沿用至今。女子障碍跑开展很晚，国际田联 1997 年才开始推广。全程必须跨越 35 次障碍，其中包括 7 次水池。障碍架高 91.1～91.7 厘米，宽 3.96 米，重 80～100 公斤。400 米的跑道可摆放 5 个障碍架，各障碍架的间距为 80 米。运动员可跨越障碍架，也可踏上障碍架再跳下，或用手撑越。国际田联直到 1954 年才开始承认其世界纪录。

马拉松

马拉松原为希腊的一个地名。公元前 490 年，希腊军队在马拉松平原击退波斯军队的入侵。传令兵菲迪皮德斯从马拉松跑到雅典城，在报告胜利的消息后，因体力衰竭倒地而亡。1896 年举行首届奥运会时，顾拜旦采纳了历史学家布莱尔以这一史事设立一个比赛项目的建议，并定名为“马拉松”。比赛沿用当年菲迪皮德斯所跑的路线，距离约为 40 公里（1 公里 =1 千米）。此后十几年，马拉松跑的距离一直保持在 40 公里左右。1908 年第 4 届奥运会在伦敦举行时，为方便英国王室人员观看马拉松赛，特意将起点设在温莎宫的阳台下，终点设在奥林匹克运动场内，起点到终点的距离经丈量为 26 英里 385 码，折合成 42.195 公里。国际田联后来将该距离确定为马拉松跑的标准距离。女子马拉松开展较晚，1984 年才被列入第 23 届奥运会。

马拉松

1896年首届奥运会后，马拉松赛在世界各地广泛举行，美国从1897年起举行波士顿马拉松赛，至2000年已举办了104届，成为世界上历史最悠久的马拉松赛。马拉松在公路上举行，可采用起点、终点在同一地点的往返路线或起点、终点不在同一地点的单程路线。比赛时，沿途必须摆放标有已跑距离的公里牌，并要每隔5公里设一个饮料站提供饮料，两个饮料站之间设一个用水站，提供饮水或用水。赛前需经身体健康检查，合格者方可报名参加比赛。因比赛路线、条件差异较大，故国际田联不设世界纪录，只公布世界最好成绩。

竞　走

起源于英国。19世纪初，英国出现步行比赛的活动。19世纪末，部分欧洲国家盛行从一个城市到另一个城市的竞走旅行。1866年英国业余体育俱乐部举行首次冠军赛，距离为7英里。竞走分场地竞走和公路竞走两种。场地竞走设世界纪录；公路竞走因路面起伏等不可控因素较多，成绩可比性差，故仅设世界最好成绩。运动员行进时，两脚必须与地面保持不间断接触，不准同时腾空，着地的支撑腿膝关节应有一瞬间伸直，不得弯曲。比赛时，运动员出现腾空或膝关节弯曲，均给予严重警告，受3次严重警告即取消比赛资格。1908年首次进入奥运会，当时的距离是3500米和10英里。此后几届奥运会距离有所不同，有过3000米、10公里等，从1956年奥运会起定为20公里（1956年列入）、50公里（1932年列入）。女子竞走于1992年才被列入奥运会，距离为10公里，2000年奥运会将其改为20公里。

竞　走

跳　高

起源于古代人类在生活和劳动中越过垂直障碍的活动。现代跳高始于欧洲。18世纪末苏格兰已有跳高比赛，19世纪60年代开始流行于欧美国家。1827年9月26日在英国圣罗兰·博德尔俱乐部举行的首届职业田径比赛中，威尔逊屈膝团身跳越1.575米，这是第一个有记载的世界跳高成绩。跳高有跨越式、剪式、俯卧式、背越式等过杆技术，现绝大多数运动员都采用背越式。跳高横杆可用玻璃纤维、金属或其他适宜材料制成，长3.98～4.02米，最大重量2公斤。比赛时，运动员必须用单脚起

跳高比赛

跳，可以在规定的任一起跳高度上试跳，但每一高度只有3次试跳机会。男、女跳高分别于1896年、1928年被列为奥运会比赛项目。

撑竿跳高

起源于古代人类利用木棍、长矛等撑越障碍的活动。据记载，公元554年爱尔兰就有撑越过河的游戏。撑竿跳高原为体操项目，流行于德国学校。1789年德国的布施跳过1.83米，这是目前世界上有据可查的最早成绩。作为田径运动项目首先在英国开展，1843年4月17日英国职业选手罗珀在彭里斯越过2.44米。19世纪末开始流行于欧洲国家。撑竿最早使用木杆，最高成绩为3.30米；1905年开始使用重量较轻、有一定弹性的竹竿，最高成绩达到4.77米；1930年出现较为坚固的金属竿，运动员无撑竿折断之虑，可以提高握竿点，加快助跑速度，最好成绩达到4.80米；1948年美国设计制造出重量更轻、弹性更强的玻璃纤维竿，目前使用该竿已突破了6米的高度。撑竿跳高的横杆可用玻璃纤维、金属或其他适宜材料制成，长4.48～4.52米，最大重量2.25公斤。撑竿的长度和直径不限，但表面必须光滑。运动员一般都自带撑竿参加比赛。比赛时，运动员必须将撑竿插在插斗内起跳；起跳离地后，握竿的手不得向上移动；可以在规定的任一起跳高度上试跳，但每一高度只有3次试跳机会。男、女撑竿跳高分别于1896年和2000年被列为奥运会比赛项目。

跳　远

源于人类猎取或逃避野兽时跨越河沟等活动，后成为军事训练的手段，为公元前708年古代奥运会五项全能项目之一。现代跳远运动始于英国，1827年9月26日在英国圣罗兰·博德尔俱乐部举行的第一次职业田径比赛中，威尔逊越过5.41米的距离，这是第一个有记载的世界跳远成绩。跳远的腾空动作有蹲距式、挺身式和走步式。20世纪70年代出现前空翻跳远，因危险性大，被国际田联禁用。最初运动员是在地面起跳，1886年开始采用起跳板。起跳板白色，埋入地下，与地面齐平，长1.22米，宽20厘米，距沙坑近端不少于1米。起跳板前有起跳线，起跳线前有用于判断运动员起跳是否犯规的橡皮泥显示板或沙台，运动员必须在起跳线后起跳。比赛时，如运动员

三级跳远

不足8人，每人可试跳6次，超过8人，则先试跳3次，8名成绩最好的运动员再试跳3次，以运动员6次试跳的最好成绩排列名次。男、女跳远分别于1896年和1948年被列为奥运会比赛项目。

三级跳远

起源于18世纪中叶的苏格兰和爱尔兰，两者跳法不同。苏格兰采用单足跳、跨步跳、跳跃，而爱尔兰用的是单足跳、单足跳、跳跃。现规定必须使用苏格兰跳法。最早的正式比赛可以追溯到1826年3月17日首次举行的苏格兰地区运动会，比蒂创造了12.95米的第一个纪录。比赛时，运动员助跑后应连续作3次不同形式的跳跃：第一跳为单足跳，用起跳腿落地；第二跳为跨步跳，用摆动腿落地；第三跳为跳跃，必须用双脚落入沙坑。男子三级跳远于1896年被列为首届奥运会比赛项目，女子三级跳远于20世纪80年代初逐渐广泛开展，1992年被列为奥运会比赛项目。

推铅球

起源于古代人类用石块猎取禽兽或防御攻击的活动。现代推铅球始于14世纪40年代欧洲炮兵闲暇期间推掷炮弹的游戏和比赛，后逐渐形成体育运动项目。铅球的制作经历了用铁、铅以及外铁内铅的过程。正式比赛男子铅球的重量为7.26公斤，直径11~13厘米；女子铅球的重量为4公斤，直径为9.5~11厘米。早期推铅球没有固定的方式，可以原地推，也可以助跑推；可以单手推，也可以双手推；还出现过按体重分级别的比赛。最初采用原地推铅球技术，后逐渐发展到侧向推、上步侧向推。20世纪50年代，美国运动员奥布赖恩发明背向滑步推铅球技术，该技术被称为“铅球史上的一场革命”。20世纪70年代，苏联运动员巴雷什尼科夫发明旋转推铅球技术，由于旋转后难以控制身体平衡，至今只有极少数运动员使用。比赛时，运动员应在直径2.135米的圈内，用单手将球从肩上推出，铅球必须落在落地区角度线以内方为有效。男、女铅球分别于1896年和1948年被列为奥运会比赛项目。

赛场礼仪

田径运动是最受欢迎的项目之一。田径比赛通常在举办国的主体育场内进行，这里人气最旺。

观看田径比赛，最重要的是学会怎样为运动员鼓掌加油，这一点看似简单，却有很多讲究在其中。一般短距离竞速项目，当裁判员发出“各就位”口令的前后几秒，赛场要保持安静，这时观众不应该鼓掌呐喊，以免场上运动员由于场外因素而分神。当运动员起跑后，观众适时的掌声不仅能鼓舞运动员士气，更是向运动员表达敬意的最好方式，这时观众就不要再吝惜自己的掌声了。

在一些长距离项目中，一些实力不济的运动员会被前面的选手远远地抛在后面甚至被套圈，即使这样，他们也不放弃而是坚持到终点。在这种情况下，观众应该把最热烈的掌声送给这些运动员，为重在参与的体育精神鼓掌。

观看跳跃项目比赛，要学会配合运动员的比赛适时地进行有节奏的助威。跳跃项目的运动员在助跑的时候，观众的鼓掌要有节奏，最好与运动员的步点相吻合，而且这种节奏要求是逐渐加快的。

在这里要重点指出的是观看盲人比赛项目时应该注意的礼仪。在运动员比赛的过程中，不仅需要观众懂得规则，还要知道为运动员叫好加油的时机。例如在盲人三级跳远的比赛中，运动员需要依靠教练员击掌发出的声音来辨别跑进方向和起跳区域，所以在运动员准备起跑和起跳的过程中，就需要观众保持绝对的安静。因为有时候就是因为外界嘈杂的环境影响了运动员辨听引领自己的掌声信号。

而当运动员完成一次动作后，观众则应该给予热烈的掌声，来鼓励他们下一次取得更好的成绩。无论是跑、跳跃，还是投掷，盲人组的比赛都要求竞赛环境保持安静，以保证运动员靠声音来辨别方向，观众在观看这些比赛的时候，一定要听从场地指挥的要求，或者随从运动员需要安静的手势，配合他们顺利地完成比赛。

球类项目

足　球

项目简介

足球是足球运动的简称，也可以指足球运动的比赛用球。现在泛指足球运动。足球运动是以脚支配球为主，两个队在同一场地内进行攻守的体育运动项目。足球运动是一项古老的体育活动，源远流长。最早起源于中国古代的一种球类游戏“蹴鞠”，后来经过阿拉伯人传到欧洲，发展成现代足球。现代足球起源于英国，12世纪前后他们和丹麦发生了一场战争，战争结束后英国人看到地上有丹麦士兵的人头，由于英国人对丹麦士兵非常痛恨，便踢起了那人头。到

中国古代蹴鞠图

19 世纪初叶，足球运动在当时欧洲及拉美一些国家特别是在资本主义的英国已经相当盛行。直到 1848 年，足球运动的第一个文字形式的规则《剑桥规则》诞生了。

所谓的《剑桥规则》，即是在 19 世纪早期的英国伦敦，牛津和剑桥之间进行比赛时制定的一些规则。当时每队有 11 个人进行比赛。因为当时在学校里每套宿舍住有 10 个学生和 1 位教师，因此他们就每方 11 人进行宿舍与宿舍之间的比赛，现在的 11 人足球比赛就是从那时开始的。1863 年 10 月 26 日，英国足球协会在英伦召开了现代足球史上十分重要的会议。比赛规程草拟出来，但有些条文却离今天的规则相去甚远。比如当时有这样一条：当球从球门柱之间进入或在上面的空间越过，不论高度如何，只要不是被手扔、击、运进去的，都算赢一球。那时球员的位置与阵形也不同于今天：每队 1 名守门员、1 名后卫、1 名前卫和 8 名前锋。制定规则不久，阵形有所改变：1 名守门员、2 名后卫、3 名前卫和 5 名前锋。所以上场比赛的队员就是 11 人了。

足球运动是世界上最受人们喜爱、开展最广泛、影响最大的体育运动项目，被誉为“世界第一运动”。不少国家将足球定为“国球”。一场精彩的足球比赛，吸引着成千上万的观众，它已成为电视节目中的重要内容，有关足球消息的报道，占据着世界上各种报刊的篇幅，当今足球运动已成为人们生活中不可缺少的组成部分。据不完全统计，现在世界上经常参加比赛的球队约 80 万支，登记注册的运动员约 4000 万人，其中职业运动员约 10 万人。

足球运动对抗性强，运动员在比赛中采用规则所允许的各种动作包括

足球比赛

奔跑、急停、转身、倒地、跳跃、冲撞等，同对手进行激烈的争夺。比赛时间长、观众多、竞赛场地大，是其他任何运动项目所不及的。

足球比赛的开球仪式

在足球友谊赛、表演赛或义演赛上，首场比赛开球时，往往会举行一项特殊的开球仪式。

开赛前，先由裁判员鸣哨，表示比赛即将开始。这时，另由一地方名人或东道主官员，在开球点代表东道主或开球队一方，将球开给本方队员。在开球名人或官员退场时，得球一方可先在本方球场控制球，对方队员不可前去抢球。等开球者退到场外后，比赛即正式开始，裁判应从这一刻起计时。

这种开球仪式，往往表达比赛组委会或东道主对本项比赛的重视和支持，也体现出双方所进行的比赛，是在一种特殊条件下，即以友谊为重、以交流技艺为目的的指导思想下进行的。同时，采用这种开球仪式，也为运动员和观众能在友好的气氛下进行比赛和观赏，创造了良好的思想条件。

赛场礼仪

足球被称为“球中之王”，是世界第一运动，在面积为 600 ~ 700 平方米的绿茵场上，22 名球员奋力拼搏，场内数万球迷欢呼雀跃，五大洲各个角落的亿万电视观众为之着迷。现代足球，以它特有的魅力，将世界人民的思想、感情、热情和希望紧紧地连在一起。任何体育比赛都有胜负，但都没有像足球比赛那样举足轻重，一场比赛甚至与一个国家的民族情绪休戚相关，胜者可以将这个国家抛入欢乐的海洋，败者能将一个民族陷入暂时的痛苦之中，这就是足球在世人心目中的地位。

人们对足球的热衷造就了耀世的球星和独特的“球迷”群体，对足球的极端狂热也带来了足球赛场的混乱甚至暴力。由于一些球员受过多的所谓“拼搏作风”或某种利益的驱使，在激烈的对抗性竞赛中屡屡不能保持健全的心智和平衡的心态，在场上动辄把人踢伤，甚至殴打对方球员和裁判。在很多场合，人们已经看不到赏心悦目的比赛，眼前只是球员之间的暴力和血腥。一些观众的心理素质也较差，在遇到诸如强队莫名其妙输掉比赛，遇到“假球”、“黑哨”等现象时，往往控制不住自己的情绪而开始谩骂、抛掷物品甚至制造大范围的观众骚乱。

绿茵场是公共社会的缩影，彰显着社会秩序的一切要义，足球赛场上不和谐因素的蔓延，根本上反映的是体育礼仪的长期缺失。在人们期盼世界和平、友谊、进步的今天，弘扬足球文明和礼仪意义深远。2006 年 6 月 6 日，当时的联合国秘书长安南和国际足联主席布拉特就即将开始的世界杯足球赛发表致辞："足球是全球通用的语言。足球可以弥合社会、文化和宗教分歧。足球促进个人发展和成长，培养团队协作和公平竞争精神，建立自尊并打开新的机会之门，进而可以促进整个社会和各个国家的福祉……今后几个星期，全世界几十亿人都将聚精会神地关注世界杯比赛，我们吁请各地球员和球迷们支持我们的使命。让我们利用足球的魅力来促进发展与和平的事业。"

为了足球的发展以及足球更高的使命，每一个运动员和观众都要从自身做起，自觉地遵守赛场规则和礼仪。

1. 运动员礼仪

足球是一项竞争激烈的体育项目，为了取得比赛的主动，最终获得比赛胜利，双方队员都将为此进行全力拼搏。但在比赛中，运动员还是应自觉遵守比赛规则和礼仪，尽量避免一些不正当的举动，更不能有违背体育道德甚至暴力的行为。

（1）要调整好比赛心态。运动员要以健全的心智来参加比赛，努力做到遵守比赛规则，礼貌待人，注重团队配合，在比赛时还要体谅对手的无意犯规和同伴的失误，理解观众的期待和希望，不能由于一时的不快而指责、谩骂对方或同队运动员及观众。

（2）要端正比赛态度。运动员遇到实力较强的对手时，要积极迎战，坚持到底而不气馁；遇到实力较弱的对手时，要虚心地展示自己的实力，不应有任何侮辱、嘲弄对方球员的举动。

（3）要靠实力取胜。在比赛中，运动员要以正当的战术和适当的举止来应对对方的挑战，不使用暴力或危险动作，更不能故意猛推、击打、踢踩对方运动员。当遇到对方球员摔倒时，要上前扶起，如果是由自己引起的，则要表示歉意；当有运动员摔伤而不能立即参赛时，持球运动员应停止运球中断比赛，而不要借势进攻。比赛中遇到对方危险性动作后，不要寻机报复对手，要相信裁判的公正执法。当自己摔倒时，如果无关大碍，则应立即起来参加比赛，不要夸张自己所受轻伤的程度以吸引他人注意或延误比赛。

（4）要服从判决。对于裁判员或助理裁判员的判罚，运动员要有礼貌地无条件接受，不要跑开，也不要与裁判员争辩，更不能推搡甚至殴打裁判员；当被罚下场时，要有理智地离去，不要大吵大闹而风度丧尽。

（5）有节制地庆祝胜利。进球或获得最后的胜利后，赛场往往陷入一片狂热之中，这时进球队员或获胜球队在场内允许范围内表示庆祝是可以的，但不能延误时间，不能冲出比赛场外，如越过广告牌、跑到观众席上，也不要有其他一些极端过激的行为。

2. 观众礼仪

足球是拥有观众数量最多的体育

项目，随着足球运动的发展，足球观众特别是球迷们已经形成了一个独特的群体，他们在赛场上以各种方式激励着自己喜欢的球队，宣泄着自己的情感。足球赛场需要狂热，但更需要理智，为了更好地欣赏足球的魅力，观众特别是球迷们应注意以下几方面的礼仪。

（1）要注意穿着。观众进入赛场时要衣着整洁，不要袒胸露背、服装凌乱不整，更不要穿着拖鞋、光着膀子进入赛场。球迷群体一般都有自己的专用服饰，这些服饰要求统一、大方，既要体现球迷群体的特性，又要符合穿着的礼仪规范。

（2）要文明助威。观众或球迷们经常用锣鼓、口号、标语、歌曲等来表达自己的情感，支持和鼓励自己喜欢的球队，在运用这些方式时要做到文明健康，不能只是个人或团体情绪的简单宣泄，更不能有任何侮辱性的涵义。观众在喝彩和鼓励球员时要克服狭隘的地域情结，既要为自己喜欢的球队欢呼，也要为对方球队的精彩表现而鼓掌。

（3）要掌握助威节奏。观众在为球员加油时要注意时机，不能随心所欲：一般在比赛的开始和推进阶段，观众可以摇旗呐喊，为自己的球队制造声势；当比赛推进到对方的禁区，观众则要相对安静一点，以免干扰最后射门，因为禁区附近虽是防守队员敏感的区域，也是进攻队员神经高度集中和相对紧张的区域，保持相对的安静会减轻进攻队员的干扰和压力。

（4）要和对方球迷和谐相处。观众在赛场内要文明守礼，热情友好地对待每个球员和周围的不同球迷或球迷组织，不讲挑衅性的话语，不做可能引起暴力行为倾向的动作。不管自己支持的是哪支球队，球迷之间的竞争应该和球员一样，是一种意志品质和精神力量的竞争，绝对不是暴力冲突。

篮　球

大型赛事介绍

国际上的重大篮球竞赛活动除奥林匹克运动会篮球赛和世界篮球锦标赛以外，还有传统性的欧洲、亚洲、非洲、南美洲、中美洲、欧美运动会等地区性的篮球赛，以及世界大学生、中学生运动会篮球赛，世界军队和世界俱乐部篮球锦标赛等。奥运会篮球比赛历届参加的办法不断变更，到 1980 年的第 22 届奥运会时，规定为 12 个国家参加，产生这 12 个国家的办法是：上届奥运会前 3 名；欧洲预选赛和美洲预选赛的前 3 名；亚洲、非洲和大洋洲各 1 个。分两组进行两个阶段的比赛而决定名次。每 4 年举办一次，设男子比赛和女子比赛。世界篮球锦标赛男子从 1950 年开始，女子从 1953 年开始，男、女比赛分别举行。每届比赛间隔时间不定，一般是4年一届。历届世界男篮锦标赛的参加办法不完全相同，到1978年第8届时，参加办法是：上届奥运会前3名，上届锦标赛前3名，欧、美、亚、非、大洋洲锦标赛冠军队和主办国，被邀请国（按规程规定，主办国可邀请1～2个国家的球队参加比赛），共14个队分3组进行预赛，各取前2名，加上上届冠军和本届主办国队，共8个队采用单循环制决赛。

篮球比赛

世界篮球锦标赛共有6个世界锦标赛，都是每2年举办一次：

男子比赛：有16支球队参加。

女子比赛：有16支球队参加。

青少年比赛：有16支球队参加，年龄为18岁以下。

22岁及以下年龄组比赛：这是一个新设的竞赛，举办目的是为青少年球员在参加成年组比赛之前提供转变期比赛。

男子轮椅篮球比赛：于1973首次举办。

女子轮椅篮球比赛：于1990年首次举办。

斯坦科维奇洲际篮球冠军杯比赛于2005年在中国首都北京市首次举办，比赛是由国际篮球联合会（FIBA）主席程万琦博士发起，为表彰国际篮联秘书长斯坦科维奇先生为国际篮球发展所做出的贡献，以斯坦科维奇先生名字命名而举办的比赛。

斯坦科维奇杯是各大洲的冠军或亚军之间的比赛，是世界篮球的交流。

斯坦科维奇杯只在中国举行。

赛场礼仪

篮球是技术性和对抗性都比较强的体育项目，比赛时运动员可以用快攻、掩护、接应、突破、传切、策应、转移、空切、三分球等战术来进攻，也可以用紧逼、联防、盯人、补位、协防、关门、夹击等技术来防守。高水平的篮球比赛常常被誉为绝妙的艺术，运动员娴熟运球、巧妙传球、准确投篮、机智抢断以及攻守交错等战术，都能给人以美的享受。

篮球运动员在赛场上出色的发挥是与球员自身的技艺和整个赛场的和谐程度相关联的。由于篮球比赛场地相对较小，球员又大多身高体壮，人与人之间的身体距离也比较靠近，如果运动员在规则和道德方面忽略了对自身的要求，赛场上就会出现混乱和不文明的局面。

为了篮球和球员自身的荣誉，运动员在赛场上要做到规范有礼：

（1）运动员不能有拉、打、踢或是故意推对方球员的小动作、坏动作或伤人动作；

（2）运动员不能戏弄对手或在对手眼前摇手妨碍其视觉；

（3）运动员不可以长时间地悬吊在篮圈上以显示自己；

（4）运动员不能由于赌气而故意掷球打篮板，不可使用可能冒犯或煽动观众的语言和行为；

（5）运动员在裁判宣判犯规后要有礼貌地举手示意，如有问题要有礼貌地与教练、技术代表、记录台人员或对方球员进行交涉，不可大喊大叫，延误比赛。

篮球运动在世界范围内非常流行，由于它是在体育馆内进行的比赛，观众和球员之间的距离相对较近，为了不影响运动员比赛，观众要注意一定的赛场礼仪：在 CBA 等篮球赛事开始前要奏国歌，国际比赛时则要奏两国国歌，这时每一位现场观众要起立行礼；比赛前介绍出场运动员时观众要为每一位球员鼓掌；观众在观赛时要有激情，为主队也为客队呐喊助威；观众不能向场内投掷杂物、大声谩骂球员或教练，因为这样做会对比赛的正常进行和球员情绪产生不良影响；观众在照相时最好关闭闪光灯。

现代篮球技术正继续朝着强对抗、高速度、全空间的方向发展。在高水平的篮球比赛中，球队双方实力相当，运动员在球场上的每一次拼搏，都是对生命极限的冲击和超越，在身心上都需要付出艰苦的努力，这些都对运动员的身体素质及思想品质提出了更高的要求。闻名世界篮坛的“飞人”乔丹，他不仅为人们展现了精湛的球艺，更为重要的是他那镇定自如、充满自信的神情，让人们感受到了一种超人的人格力量，激发着人们奋进。观众通过观看这些高水平的篮球比赛，本身在精神和道德上也得到了熏陶。

排　球

项目简介

排球运动源于美国。1895 年，美国马萨诸塞州（旧称麻省）霍利约克市，一位叫威廉斯·盖·摩尔根的体育工作人员发明的。当时，网球、篮球很盛行。摩根先生认为篮球运动太激烈，而网球运动量又太小，他想寻求一种运动量适中，又富于趣味性，男女老少都能参加的室内娱乐性项目，就想把当时已广为流行的网球搬到室内，在篮球场上用手来打。这种游戏开始时，他将网球网挂在篮球场上，用篮球隔网像打网球一样打来打去进行游戏。但室内篮球场面积较小，网球容易出界，于是他作了某些改进：一是把网球允许球落地后再

排球比赛

回击的规则改为不许落地。二是把网球的体积扩大。三篮球太大、太重，不能按预想的方式进行游戏，便改试用篮球胆。而篮球胆又太轻，在空中飘忽不定。玩起来不方便，难于控制。于是，该市的司堡尔丁体育用品公司试做出了圆周为 7～25 寸（约 46～255 克）规格的球。这种新出现的球类项目，最初没有固定的名字，也没有一定的场地和规则。参加比赛的双方人数不限，只要不使球落地，从网上回击到对方场地便行。这个新的运动项目最初起名叫“小网子”，第二年（1896 年），斯普林菲尔德市立学院的艾·特·哈尔斯戴特博士将此球命名为“华利波”（Volleyball），意为“空中飞球”，这个名字沿用至今。现在国际标准用球虽历经百年，进行了千百次的改进，但球的规格和第一代的球几乎差不多。

比赛规则

排球比赛场地为 18 米 ×9 米的长方形，四周至少有 2 米空地，场地上空至少高 7 米内不得有障碍物。场中间横画一条线把球场分为相等的两个场区。所有线宽均为 5 厘米。场地中线上空架有球网。网宽 1 米，长 9.50 米，挂在场外两根圆柱上。女子网高 2.24 米，男子网高 2.43 米。球网两端垂直于边线和中线的交界处各有 5 厘米宽的标志带，在其外侧各连接一根长 1.80 米的标志杆。球的圆周为 65～67 厘米，重量为 260～280 克，气压为 0.40～0.45 千克/厘米^2。

排球比赛规则规定 1 个队最多有 12 名队员，教练员、助理教练员、医生各 1 人。队员服装必须统一，上衣前后有明显号码。教练员可在暂停和局间间隙时间进行指导。比赛中只有场上队长可向裁判员提出询问或要求解释规则。如果教练员或队员有非道德行为表现，裁判员将出示黄牌给予警告，如再犯将出示红牌，判罚该队失发球权或对方得 1 分。如有辱骂裁判员或对方队员等严重犯规者，将取消其该局或全场比赛资格。每局比赛前，教练员必须将上场阵容位置表交给记录员或第二裁判员，不得更改。每队上场 6 人，站成两排，从左至右，前排为 4、3、2 号位，后排为 5、6、1 号位。在发球时，双方队员都必须按规定位置站好，否则将被判失发球权或对方得 1 分。比赛成死球时，教练员和队长可向裁判员请求暂停或换人。每次暂停不得超过 30 秒。1 局比赛每队可要求 2 次暂停。每队在1局比赛中，换人最多不得超过6人次。规则对技术动作的要求：①发球：获得发球权的一方须先轮转，1号位队员在裁判员鸣哨后3秒钟内将球击出。发球离手后，如果球在中途触及发球队场上队员、球网、标志杆、其他障碍物或从过网区以外越过，球落在对方界外或发球不过网均为发球失误，失发球权。在本队未失误前，发球队员连续发球。②触球：队员可用膝关节以上身体任何部位触球，但不得停留，如出现捞、捧、推、掷球的情况则被判为持球。每队最多触球3次（拦网除外），如果1个队员连续触球多于1次（拦网除外），被判为连击。同队2个队员同时触球作为2次触球。但双方队员在网上同时触球后均再可击球3次。③进攻性击球：直接向对方场区的击球为进攻性击球。前排队员可在本场区对任何高度的球作进攻性击球。后排队员在进攻线前的前场区只能作整个球体不高于球网上沿的进攻性击球，但在进攻线后起跳则可击任何高度的球。④过网：队员不得过网击球，但击球点在本场区，球离手后手随球过网不判过网犯规。对方击球前，拦网队员手触及对方场区上空的球，判拦网队员过网犯规。当对方队员击球后，许可在对方场区拦网。⑤过中线：队员身体任何部位越过中线触及对方场区地面即判过中线犯规。但一脚或双脚的一部分踏过中线，而另一部分踏在中线上或在中线上空则不判犯规。队员可伸手在网下击球，但不得阻碍对方队员。⑥拦网：只准前排队员进行单人或集体拦网。在1次拦网中，球可连续触及1个或几个拦网队员的手、头或腰部以上身体任何部位均算1次拦网。拦网后本队可再击球3次。拦网手触球后，球落界外为触手出界，判失误。正式排球比赛应有第一、第二裁判员各1人，记录员1人，司线员2~4人。

赛场礼仪

排球运动被称作球类运动中的高雅运动，因此在赛场礼仪方面有很多需要注意的地方。对于运动员来说，应该注意以下几点：

（1）本队球员的服装必须统一、整洁，但自由人应身穿与队友不同颜色的服装。参加比赛时，如果比赛双方所有服装的颜色相同，主队应该更换服装，如在第三方场地进行比赛，则先登记在记录表上的球队更换服装。

（2）比赛场上每个参赛队必须有队长，队长的上衣左胸前应有一条与上衣颜色不同的长8厘米、宽2厘米的带状标志。参赛者必须以良好的体育道德作风服从裁判员的判定，不允许争辩，如有疑问，可以并只能通过场上队长提请解释。在比赛前和赛后，队长代表本队在记录表上签字并要感谢裁判员。

（3）在比赛发球时，任何一名发球队的队员都不能以挥臂、跳跃或左右摇晃身体等动作妨碍对方接球，运动员在接发球时也不要击掌或喊叫。替补队员必须坐在本场区外的长凳上，可以为本队鼓掌、喝彩，但不能进行指导。

（4）在比赛中，运动员的团结协作、互相鼓励是非常重要的。每一次进攻得分后队员们可以通过相互拥抱或击掌来鼓舞士气，当丢分的时候，队员们也要拍手示意以相互安慰，而不要彼此抱怨。

对于观众来说，在欣赏排球比赛时，首先要学会配合球员以营造一种始终高涨的赛场氛围，无论是主队、客队，只要队员做出一次精彩的倒地救球、拦网或进攻得分，观众都应该为之鼓掌叫好。当自己支持的球队失误或失分时，观众应该给予积极的加油鼓励，也可以不作声。无论对主队还是客队，观众都不要有喝倒彩、幸灾乐祸等不文明的举止。另外，观众还要注意以下几点：

（1）当运动员在比赛开始前做热身活动时，球可能会被打到看台上。捡到球的观众不应把球据为己有，也不要随意把球扔回场内，而应该把球交给捡球员，如果把球扔回场内有可能会绊倒运动员而造成伤害。

（2）球员在救某一个险球时，很可能连人带球飞出场外，如果比赛场地小，球员甚至会冲到观众席上，这时观众不要对球员做握手、拥抱等动作，而应该尽快协助球员回到比赛场地继续进行比赛。

（3）比赛暂停时，球员都会回到双方的替补席附近，在教练员对球员安排战术时，附近的观众要尽量保持安静，决不能有针对性地议论、评价甚至辱骂某个球员，以免给球员带来心理压力。

（4）在整个比赛过程中严禁使用闪光灯。观众可以照相，但是绝不能使用闪光灯，因为闪光灯瞬间的高强度亮光会严重影响球员对球走向的判断。

网　球

项目简介

网球与高尔夫球、保龄球、台球并称为世界四大绅士运动。网球的起源可以追溯到 12～13 世纪的法国：当时在传教士中流行着一种用手掌击球的游戏，这种运动不仅在修道院中盛行，而且也出现在法国宫廷。1358～1360 年，这种供贵族玩的古式网球从法国传入英国。

近代网球起源于英国。1873 年，会打古式网球的英国温菲尔德少校，在羽毛球运动的启示下，设计了户外网球运动。1877 年，在英国伦敦郊外温布尔顿设置了几片草地网球场，同年 7 月，举办了首届草地网球锦标赛，即温布尔顿网球赛第一届比赛。

网球运动

1881年，世界上第一个全国性网球协会——美国全国草地网球协会诞生，该协会于当年8月31日至9月3日在罗得岛纽波特港举行第一届美国草地网球的男子单打和男子双打锦标赛，比赛采用了温布尔顿的比赛规则。后来的美国总统罗斯福爱上了网球运动，他不仅积极支持修建网球场、举行网球比赛，而且还经常邀请陪同他骑马散步的朋友们在白宫球场上打网球，所以人们称他“网球内阁”，美国的网球运动也因此得到了空前的发展，直到今天，美国的网球运动始终处于世界领先地位。

1913年3月1日在法国巴黎成立了世界网球的最高组织——国际网球联合会。20世纪70年代以后，网球运动又得到了进一步的发展：允许职业选手参加温布尔顿等锦标赛，取消了职业选手和业余选手的界限，开创了职业网球巡回赛的先河，增加了大赛的激烈程度和热烈争夺的气氛，从而促进了运动员技术水平的提高，造就了一批年轻的优秀选手。同时，科技在球拍等器材制造中的应用促进了先进器材的生产和技术水平的提高。目前，国际上有四大网球赛事，即澳大利亚网球公开赛、法国网球公开赛、温布尔顿网球公开赛和美国网球公开赛。

网球赛每局以15、30、40计分，每胜一球得1分，先胜4分者胜一局，双方各得3分时为平分，平分后一方至少要比对手多赢2球才能结束该局比赛。如果对手落后至少两局，那么先赢得六局的球员就赢了这一盘，如果这盘是6∶5，那么双方就要再打一局，若占先者赢了，即该盘比分为7∶5，判占先者赢得此盘。若另一个球员把这盘扳平为6∶6，那就由决胜局（抢七局）决定谁为胜者。在网球3盘赛中，是先赢得2盘者为胜者，即为3盘2胜；在5盘赛中，是先赢得3盘者为胜者，即为5盘3胜。

赛场礼仪

网球在国外是一项很绅士的运动，有着深厚的文化底蕴。网球赛场与热闹非凡的足球、篮球和排球赛场不同：虽然网球场也是竞技场，总会有激烈的争斗上演，但网球场要求的是一种安详与和谐，要求球员与观众具备良好的行为素养和发自心底的友善态度。

1. 球员礼仪

（1）每个选手出现在赛场时都

必须穿着洁净而整齐、符合习惯及要求的网球服装。正规比赛中男子应着半袖上衣及短裤，女子应着中袖或无袖上衣及短裙或连衣短裙。参加温布尔顿或其他草地网球比赛时球员必须穿草地网球鞋，除准备活动外，网球服及鞋袜的颜色必须以白色为主。双打比赛时，同队选手应着一致的比赛服装出场。

（2）“尊重网球场上的一切人与物”是球员最起码的行为准则。运动员除必须尽自己最大的努力去争取胜利外，在赛场上不能做任何带有侮辱性的手势及身体动作，不能对观众、裁判、对手等说任何带侮辱性的语言，不能以摔、敲、踢拍子等形式发泄不满。

2. 观众礼仪

（1）严格遵守赛场安检的规定，不携带玻璃瓶、易拉罐等硬包装饮料进入场地，一些电子通讯设备（包括电视、收音机、电脑等）也不能带进场地，因电视及收音机的杂音会影响到选手的发挥，婴儿也不能带进场地，因为他们的声音无法控制。另外，在美国网球公开赛中，照相机、摄影机都是限制带入场地的。

（2）网球比赛中在单数局时双方球员要换边并进行短暂的休息，但第一局结束后球员只换边而不能坐下休息，所以这时一般不允许外场观众进场。在三、五、七等单数局或一盘结束后，要进场的观众可在引导员的帮助下尽快进场入座。如果在比赛开始时仍没找到自己的位置，应该就地坐下，在下一次球员换边时再找座位。

（3）网球是一项失误较多的比赛项目，球速很快，选手一旦受到场外影响就可能注意力不集中而使击球动作变形，所以在观看比赛时，观众要尽量保持安静，看台上应该是只有掌声而没有其他的嘈杂声，而且观众也不能在任何时间随意鼓掌，一定要等一个死球后才能鼓掌，鼓掌的时间也要适可而止，因为选手在准备发球的时候现场要保持安静，如果现场迟迟不能安静下来，选手就不会发球或者向裁判提出抗议。另外，在比赛时观众也不要随意交谈、吃东西或随意走动。一般情况下，观众在观看比赛时是不允许拍照的，如果实在想拍照则绝对不能使用闪光灯。

（4）如果选手把球打到观众席上，观众应该将球退回。因为在一场比赛中换球的次数是有规定的，一般为单数局换球。在高水平比赛中，每个球的弹性以及和地面摩擦后掉毛的情况都是不同的，球的重量和弹起高度在高手眼中也是有差别的，所以比赛中选手会严格按照比赛的规定换球，中途一般不愿意换球。如果观众不退还球，那么比赛会因此而中断，直到观众退回球或是等到换球时间。

羽毛球

项目简介

羽毛球的起源非常有意思。据史料记载，1840 年英国驻印度浦那的军官在酒瓶的软木塞上插入羽毛，用酒瓶打来打去，后成为一种游戏，在驻印度军官中流行起来。19 世纪 60 年代，一些退役军官将这种游戏带回英国。1873 年英国博福特公爵在他的庄园巴德明顿宴请宾客，一些从印度回来的军官表演了这种游戏，后逐渐在英国流行，巴德明顿庄园因而成为羽毛球运动的发源地，于是将羽毛球运动命名为 Badminton。1877 年英国出版了第一本羽毛球竞赛规则，同年英国成立羽毛球俱乐部，1893 年英国羽毛球协会成立。自 1899 年在英国举行全英羽毛球锦标赛起，重要的国际羽毛球赛事相继出现，其中包括世界羽毛球个人锦标赛、汤姆斯杯（正式名称应为国际羽毛球挑战杯的男子羽毛球团体赛）、尤伯杯（女子羽毛球团体赛）、苏狄曼杯（男女羽毛球混合队比赛）及世界羽毛球格兰披治大赛等。直至 1992 年，羽毛球才正式成为奥林匹克运动会的比赛项目。羽毛球由天然材料、人造材料或混合制成，有 16 根羽毛固定在球托部，重 4.75 ~ 5.50 克。羽毛球场地长 13.40 米，单打场地宽 5.18 米，双打场地宽 6.10 米，中间悬挂长 6.10 米、高 1.55 米的球网。比赛时，运动员隔网站立，用球拍击打羽毛球，争取球落在对方场地或对方击球失误。双打和男子单打先得 15 分的一方胜一局，女子单打先得 11 分的一方胜一局。在打成 14 平（女子单打 10 分）时，先得 14 分（10 分）的一方，可以选择加赛 3 分或不再赛，选择加赛 3 分后，先获 17 分（13 分）的一方胜该局。

赛场礼仪

羽毛球运动自诞生之日起，始终是一项文明程度很高的体育运动，特别是在正规比赛时，赛场礼仪对参赛者的服装、赛场行为以及观众的表现都有很严格的要求。

在服装要求上，运动员在奥林匹克运动会、世界锦标赛、汤姆斯杯赛、尤伯杯赛、世界团体锦标赛等系列大奖赛总决赛，以及在由国际羽联主办的其他比赛的比赛场上应穿以白色为主或已由有关国家组织在国际羽联注册的颜色的服装。双打比赛同队两名运动员的服装颜色必须一样，如遇比赛双方服装颜色有冲突，则均应改穿白颜色的服装。

在比赛中，运动员要有良好的行为规范，一旦开始发球，双方队员要马上站好位置，发球员不能故意拖延时间，接球员也不能迟迟不作接球准备。在比赛的进程中，双方都不能以假动作来有意妨碍对方或有其他企图占对方便宜的不正当行为。

在所有球类项目中，羽毛球可能是对声音、色彩、光线乃至室内的小气候要求最严格的项目。观众在观看比赛时，要特别注意以下礼仪：

羽毛球比赛

（1）羽毛球运动是一项对运动员的注意力要求相当高的体育项目，许多运动员特别是高水平运动员，在比赛中能否保持精力集中，是决定发挥水平并获胜的关键，所以观众在观看比赛时应该为运动员创造安静无扰的比赛环境，特别是在运动员发球和接发球时，需要保持绝对的安静，不能随意发出声音，也不要随便走动。当运动员打完一个球后，观众才可以鼓掌、叫好，而当运动员开始准备下一个球时，观众就应该马上安静下来。另外，羽毛球赛场的背景一般相对较暗，但为了不干扰运动员的注意力，观众在照相时绝对不能使用闪光灯。

（2）观众要学会欣赏运动员高超的球艺，明白运动员获胜或失误的原因，而不是只图看热闹或像看足球比赛那样宣泄激情。有的观众喜欢在赛场上一边看比赛，一边大呼小叫地做“场外指导”，认为这样喊叫可以活跃赛场气氛，岂知这样做会打乱运动员的战术思路，影响运动员水平的发挥。

（3）羽毛球赛场通常是封闭不通风的，整个场地会比较闷热，观众要记得随身携带小扇子、纸巾或手绢等用品，以备降温或擦汗之用，用完纸巾记得妥当处理，不要乱扔。观众绝不能因为场馆闷热而袒胸露背。

乒乓球

项目简介

乒乓球是球类运动之一。打球的时候，由于球发出“乒乓”声，所以称为“乒乓球”。

乒乓球运动于 19 世纪末起源于英国，据说起源于网球。相传当时几位大学生将桌子当做场地，用木板将酒瓶塞像打网球一样在桌子上推来推去，故称之为“桌上网球”，也就是乒乓球的英文“table tennis”的由来。1900 年左右，由于轻工业的发展，球改成用赛璐珞制成的空心球。纽约的印刷工人海维特调制出一种外貌很像象牙，受热变软、遇冷变硬的人造塑料，取名为赛璐珞，1869 年海维特用赛璐珞制造了一批乒乓球，很受人们欢迎。现在，乒乓球多用棉花制成的塑料加工而成。19 世纪后，乒乓球运动便逐步发展起来。第一次大型乒乓球比赛于 1900 年 12 月在英国伦敦皇后大厅举行，开创了乒乓球比赛的先河，参加比赛的有 300 多人。比赛时，男运动员要穿上浆领子的衬衣和坎肩，女运动员要穿裙子甚至还要戴帽子。

乒乓球比赛

1926 年，国际乒乓球联合会（ITTF，International Table Tennis Federation）正式成立，并决定举行第一届世界乒乓球锦标赛。几十年来，乒乓球运动的发展大约经历了三个阶段。

初期，运动员使用的球拍虽形状各异，但都是木制的，击出的球的速度慢，力量小，谈不上什么旋转，打法也单调，只是把球推来推去。

1903 年，英国人古德发明了胶皮球拍，有力地促进了乒乓球技术的发展。从 1926 年到 1951 年，世界各国选手大都使用表面有圆柱形颗粒的胶皮拍。击球时增加了弹性和摩擦力，可以使球产生一定的旋转，因而出现了削下旋球的防守型打法。这一打法在欧洲流行长久，不少运动员采用这种打法获得了世界冠军。这一时期乒乓球运动的优势在欧洲，其中匈牙利队成绩最突出，在 117 项次世界冠军中，他们获 57 项次，占欧洲队的一半。但这种球拍只能以制造下旋为主。人人皆此，磨来守去，即使夺得了冠军也毫无意义。

1936 年，第 10 届世界乒乓球锦标赛在匈牙利布格拉举行，大赛中出现了令人惊叹的局面。男子团体冠军争夺赛，在罗马尼亚和奥地利进行。比赛从星期天 21 时进行。孰料双方派出 3 名削球手，由于打法相同，双方水平又接近，且都用了蘑菇战术，不肯轻易挑板，而且企图从对手的失误中取胜。比赛进行到 3 时还是2∶2。当地规定，公共场所必须在 3 时关闭，这就惹来了警察干涉，最终耗时 31 小时奥地利才以 5∶4 战胜。

20 世纪 50 年代初，奥地利人发明了海绵球拍，日本运动员道德在世界比赛中使用，并一举夺取得第 19 届世界锦标赛的四项冠军，打破了欧洲运动员的垄断地位。由于日本运动员利用这种球拍创造的远台长抽进攻型打法具有正手攻球力量大、速度快、发球抢攻威胁大等优点，因而速度慢、旋转弱、攻击力不强的欧洲防守型打法被逐渐取代，使日本夺得了

20世纪50年代乒乓球运动的优势，1952年到1959年，在49项次世界冠军中，日本队夺得24次项次，占47%。这是乒乓球运动水平的第一次大提高。

1959年，容国团获得了第25届世界乒乓球锦标赛男子单打冠军后，中国运动员开始登上了国际乒坛，逐渐形成了以快、准、狠、变为技术风格的直拍近台快攻打法。在1961年第26届世界锦标赛中，中国队既过了欧洲关，又战胜了远台长抽加秘密武器——弧圈球打法的日本选手，第一次夺得了男子团体世界冠军，并连续获得第27、28届男子团体冠军。中国近台快攻的优点是站位近，速度快，动作灵活，正反手运用自如，比日本远台长抽打法又大大前进了一步。20世纪60年代，中国乒乓球技术水平位于世界最前列，乒乓球运动的优势由日本转移到中国。这是乒乓球运动水平的第二次大提高。

在日本、中国乒乓球运动发展的同时，欧洲运动员从失败中总结经验教训，经过近20年的努力，终于取日本弧圈球技术和中国近台快攻打法之长，创造出适合于他们的先进打法。以弧圈球为主结合快攻的打法，代表人物是匈牙利的克兰帕尔和约尼尔。以快攻为主结合弧圈球的打法，是以正反手快攻为主要技术，用反手快拨快攻力争主动，以正手拉弧圈球寻找机会扣杀为得分手段，代表人物是瑞典的本格森、捷克的奥洛夫斯基等。这两种打法的特点是放置较强，速度快，能拉能打，低拉高打，回旋余地较大。乒乓球运动又推进到放置和速度紧密结合的新高度。这是乒乓球运动水平的第三次大提高。

20世纪70年代以来，由于国际交往和学习研究的加强，各种打法互取长短，使乒乓球技术得到了更快的发展和提高。比如，我国近台快攻、直拍快攻结合弧圈球、横拍快攻结合弧圈球等打法和技术，均有所发展和创新，在国际比赛中取得了优良的成绩。现在，乒乓球已发展成为各国人民喜爱的运动项目之一。国际乒乓球联合会亦已拥有127个会员协会，是世界上较大的体育组织之一。由国际乒联和各大洲乒联举办的世界锦标赛、世界杯赛、洲际比赛及各种规模和形式的国际比赛不胜枚举。1982年，国际奥委会关于从1988年起把乒乓球列为奥运会正式比赛项目的决定，激起世界各国对乒乓球运动的进一步重视，推动乒乓球运动更快地发展。

赛场礼仪

在比赛过程中，运动员的心理和精神都处于一种高度集中的状态中，运动员需要用眼睛仔细观察对手球拍撞击球时的动作、时间、部位、拍形和来球的运行情况及对手的表情等，还要用耳朵听出对手球拍撞击球的声音，从而判断出来球的旋转、速度、力量、落点、节奏情况以及对手的心理状态、可能采取的战术等方面的情况，同时还要考虑自己如何回球。运动员对这些情况的正确判断和击出有威胁的回球，除了依赖自身的能力以外，还需要一个很好的赛场环境。因此，观看乒乓球比赛应该注意以下几点：

（1）从运动员准备发球开始到这个球成为死球的这一段时间内，整个赛场要保持安静，不要鼓掌、跺地板、大声讲话、呐喊助威、随意走动、展示旗帜和标语等。

（2）不要使用闪光灯拍照。闪光灯对乒乓球比赛的影响是非常大的，因为乒乓球球拍和球的碰撞是在瞬间完成的，闪光灯会闪花运动员的眼睛，使运动员无法判断来球的质量，从而影响到回球的质量和命中率。

（3）呐喊助威时要轻一些，不要将锣鼓和喇叭带进体育馆内，因为过大的声音、过激的语言会影响到运动员的心情和注意力。不管哪一方输了，都不要产生嘘声，否则会给球员带来压力，也不要对裁判发出嘘声。

（4）场馆内禁止吸烟；手机关闭或调整到振动、静音状态。

棒 球

项目简介

棒球比赛的球场呈直角扇形，有4个垒位，分两队比赛，每队9人，两队轮流攻守。攻队队员在本垒依次用棒击守队投手投来的球，并乘机跑垒，能依次踏过1、2、3垒并安全回到本垒者得一分。守队截接攻队击出之球后可以持续碰触攻队跑垒员或持球踏垒以“封杀”跑垒员。攻队3人被“杀”出局时，双方即互换攻守。两队各攻守一次为一局，正式比赛为9局，以得分多者获胜。守队队员按其防守位置及职责规定名称如下：投手，接手，1垒手，2垒手，3垒手，游击手，左外场手，中外场手，右外场手。攻队入场击球的队员叫击球员，合法击出界内球时，该击球员应即跑垒，称为击跑员。击跑员安全进入1垒后，即称为跑垒员。

棒 球

正式比赛需4名裁判员（当季后赛时，裁判会增加到6位，多了2个边线裁判），1人为主裁判（又称为司球裁判），其余3人为司垒裁判。主裁判位于本垒及接手身后，主要职责为宣判投手的“好”或“坏”球；宣布击球员的“击”和“球”数；判定攻方是得分抑或出局；判定“界内球”、“界外球”或“擦球棒”；处理、宣判双方违反规则的行动；宣布比赛结果。司垒裁判负责1、2、3垒位附近的裁判工作；宣判跑垒员是安全还是出局；是否有阻挡、妨碍对方或其他犯规行为；处理踏漏垒及其他问题，并协助主裁判执行规则，使比赛顺利进行。此外，还有2～3名记录员负责记录和技术统计。也有的正式比赛再增加2名外场司线裁判员，其职责为判定落在外场远处的球是界内还是界外球，外场手是否合法接杀，是否击出本垒打等。

赛场礼仪

棒球是在世界上非常有影响力的运动项目，有14个国家将棒球视为国球。棒球赛场礼仪可以归纳为以下诸多方面。

棒球球员上场比赛时要戴专业头盔，同队队员应穿着式样和颜色整齐一致的比赛服装，服装上面不能有闪光纽扣或饰物。每队应有深浅颜色不同的2套服装，每场比赛的先攻队穿浅色，后攻队穿深色。在比赛时，球员要善待比赛用球，任何队员不得故意磨损、污损或弄脏比赛用球。球员不能用手势煽动观众闹事，也不能用语言攻击对方队员、裁判员或观众。在攻守活动正在进行时，球员不能呼喊“暂停”或使用其他语言或动作诱使对方投手犯规。

相对于其他运动，棒球规则较复杂。不熟悉足球规则，并不妨碍观众欣赏精彩的进球。但棒球不同，不懂规则就无法理解投手为什么要选择发一个坏球而不是好球，所以观众在欣赏比赛前，最好先了解比赛规则，懂规则才能更好地欣赏比赛。

在棒球比赛中，裁判员凭主观判罚的情形非常多，观众应当尊重裁判员的判罚和决定。举例来说，是跑垒员先上垒，还是防守队员先把球传给垒上队友封杀跑垒员，往往只有十分之一秒的时间差，还有就是投手投出的每一个球是好球还是坏球均要由裁判来判断，即使是通过电视慢镜头也很难判别，大部分是靠裁判员的直觉来判罚，这就要求球迷不要凭借自己的视角和主观臆断来指责裁判员的判罚，要相信裁判员裁决的公正性，毕竟裁判员距离现场最近，他们又是最懂规则的专业人士。棒球比赛设置4名裁判（有的比赛设6名裁判），就是为了最大限度地减少评判误差和错判。

棒球赛场与其他球类赛场一样，观众可能相当狂热，但观众一定要把自己的热情控制在理智的范围之内。投球和击球的时刻是最让人紧张的，这时候运动员集中了全部的注意力，观众在此时最好不要发出声响，球击出之后，再尽情加油、喝彩。

与足球、排球等比赛不同，运动员如果将棒球击到观众席上，无论此球是本垒打还是界外球，接到球的观众都可以将它收藏。在棒球比赛中，经常看到观众为抢夺一个球而争执的场面，击球员也很乐意看到这种景象。运动员与球迷形成互动，是棒球比赛区别于其他比赛很有意思的一点。但通常飞到观众席上的棒球，接到它的人应该将它送给附近就座的小球迷或是女性观众，以显示风度。

有特殊意义的棒球具有很高的价值。1998 年，当大联盟著名球员马克·麦克道维尔打出创纪录的第 73 号本垒打时，收藏那个棒球的球迷将球以 100 万美元的高价拍卖并获得了成功，可见棒球比赛的巨大魅力。日本的广岛棒球场观众席较低，有些远程本垒打通常会飞到场外，总有些没有球票的小朋友在场外“守株待兔”，等着捡到它们后收藏。美国大联盟球队的一个主场设在海边，当本垒打飞出场外后，可以看到多名球迷划着小艇争夺棒球的场面，煞是有趣。

垒　球

项目简介

垒球技术难度、运动剧烈程度低于棒球，后成为女子项目。垒球运动的诞生完全是出于一种需要，由于恶

垒　球

劣的天气和拥挤的城市影响，棒球运动转移到室内，就形成了垒球运动。垒球诞生于 19 世纪 80 年代的美国芝加哥，这项运动很快发展起来，并逐渐又转移到室外，现在全世界有 2000 万人进行这项体育运动。

同美国三大运动之一的棒球相比，垒球所需的场地小、球体大、球速慢（因为垒球运动的规则规定在抛球过程中，手必须要在肩下）。由于以上诸多优点，垒球运动很快风靡美国各地。

垒球运动分为两种——快速垒球和慢速垒球。垒球的这两种形式都深受美国人民的喜爱。随着第二次世界大战中美国势力的扩张，垒球运动在全世界得到了推广。此后，垒球逐渐成为女子运动。1950 年代，垒球项目也从大众游戏转变成为竞技体育项目。澳大利亚早在 1947 年就举办了第 1 届全国女子垒球锦标赛，而相应的男子比赛直到 1984 年才开始。1965 年，在澳大利亚的墨尔本举行的第一届女子垒球世

锦赛决赛中，东道主澳大利亚队以1:0击败了美国队，夺得了世界冠军。这次比赛后，快速垒球很快成为了垒球运动的主流。

第2届女子垒球世锦赛举行于1970年。此后，每隔4年，便分别举办一次男子、女子、青年垒球世锦赛。时至今日，在垒球运动产生百年之后，垒球仍然是全美最受欢迎的运动之一。世界垒球联合会也有了110多个成员国。

垒球运动发展初期，包括4名游击手，每方有10名上场队员。慢速垒球又被称为kittenball和mushball，由于慢速垒球的规则要求投手掷出的球必须要有一弧线，从而有效地限制了球速，使得比赛的比分通常很高。与此相反，快速垒球则是低分投手的竞争，比赛中也只有9名上场队员。

不过奥运会的垒球运动可不比职业棒球运动差多少，亚特兰大奥运会上，曾有投手投出了时速高达118公里的球。由于垒球的投手与击球手之间只有12.2米的距离，棒球为18.4米，一般棒球投手的球速为每小时160公里，所以对于垒球选手来说，其反应能力不比棒球选手差多少。

垒球项目将会在2012年退出奥林匹克夏季运动会。

观赛礼仪

观众在看比赛之前，最好先了解一下垒球比赛的基本规则，这样才能看出精彩之处，充分享受观赛乐趣。为了创造一个让运动员充分发挥水平的良好氛围，观众也要注意自己的行为举止，文明得体，热烈而有节制。

和其他球类比赛一样，观众可以组织拉拉队为自己喜爱的球队鼓劲加油，但是要控制好节奏感，最好不要一味狂呼乱喊。投手投球和运动员击球的时刻是最紧张的，这时候运动员集中了全部的注意力，所以此时应尽量保持安静，当球被击出之后，就可以尽情喝彩了，观众高涨的情绪将有助于感染运动员，让他们发挥最佳水平，尤其是场上出现本垒打时，观众的欢呼和运动员的精彩表现相得益彰，把比赛推向高潮。

手　球

项目简介

19世纪末，捷克斯洛伐克、德国和丹麦等国出现类似手球的游戏。1917年德国柏林体育教师海泽尔为女子设计了一种集体游戏，规定运动员只能用手传递或接抛球，身体不得接触。1919年柏林另一位体育教师舍伦茨对海泽尔的游戏做了改进，规定持球者传球前可跑3步，允许双方身体接触。1920 年制定了手球竞赛规则。1925 年德国与奥地利举行首次国际手球赛，以后手球比赛逐渐在世界各国开展。1928 年举行首届世界男子手球锦标赛，1957 年起举办世界女子手球锦标赛。男、女手球分别于 1936 年和 1976 年被列为奥运会比赛项目。

手球场地长 40 米，宽 20 米，除了守门员任何人都不能进入半径为 6 米的球门区。除了小腿和脚，球员可以用身体上的任何部位传接球。每个队员在传球、拍球或射门前，球在手里最多只能停 3 秒。每人持球后只能走 3 步，如果拍了一下球，则还可以再走 3 步。守门员可以用身体的任何部位触球，包括脚。任意球是犯规最轻的处罚，罚球队员必须在犯规地点罚球。自由区域是距球门 9 米远的一个弓形区域，在自由区域内犯规，罚球球员必须退到自由线上。防守方严重犯规将被判罚点球，点球发射点在球门正前方 7 米处。手球比赛两队各上场 7 名球员。每场比赛分上下半场，各 30 分钟，中间休息 10 分钟，以射入对方球门多者为胜。

赛场礼仪

对抗激烈是手球竞赛最主要的特点。在比赛中，规则规定防守队员用身体阻挡进攻队员是合法动作，因此，比赛中运动员身体接触异常频繁，对抗十分激烈。尽管如此，球员在比赛时还是要注意自己的言行举止，应避免以下无礼行为：当对方掷罚球时，大声喊叫；暂停期间，当对方准备持球掷任意球时将球踢走；持球队员假意将球递给对方掷任意球，当对方接球时，故意将球掉落；互相辱骂；当球越过边线时，替补席队员不拾回这个球；当球在外球门线以外时，守门员故意缓慢拾球或将球推到更远处；抓对方衣服；比赛停止后或中断时，故意将球掷中对手等。

观看手球比赛没有太多的禁忌，由于手球运动传球速度快，队员跑动快，战术配合快，整个赛场令人眼花缭乱，观众很多时候都处于高度兴奋的状态。需要注意的是，观众在看比赛时不要一味地狂呼乱喊，要适当地保持理智和冷静，欢呼喝彩要符合场上比赛的节奏。如罚球之前，观众最好保持安静，不要扰乱运动员的情绪，罚球结束之后再鼓掌喝彩。

在观看手球比赛时，观众以击鼓、拍手、做人浪等方式为自己喜爱的队员加油是允许的，但要注意所发出的声音不要与裁判的哨声相似。曾经在国内的一场比赛中，临近终场时，观众席上突然响起了几声长哨。场上的运动员马上停止了比赛，裁判们则面面相觑，都以为是对方吹响的终场哨声，但此时距离比赛结束还有近 10 分钟。结果比赛被迫中止了一段时间，造成了很坏的影响。有的观众可能是无意识地想用口哨声表达激动的心情，但有的观众纯粹就是恶作剧，这种扰乱赛场秩序的恶劣行为是要坚决避免的。

在手球比赛中，球很容易在队员的大力抛击下飞到观众席上，捡到球的观众一定要及时地将球抛回场内，绝不能据为己有。

曲棍球

项目简介

曲棍球是一项古老的运动，是目前在国际广为开展的球类运动项目，距今已有数千年的历史了。古代曲棍球的先驱者姓甚名谁，虽已无法考证，但是可以肯定距今 3000 年前，曲棍球已受到中国、波斯和印度等亚洲人民的喜爱。柏林体育出版社 1981 年出版的《曲棍球运动》一书中说：距今 2697 年前，中国的士卒就用棍和球进行过比赛，这是为人所知的。

最早的考证可以追溯到公元前 2000 年。在埃及尼罗河流域的贝尼·哈桑发现的第 16 个坟墓的壁画上，有两人相对而立且手持弯曲木棍彼此交互重叠，这很可能就是现代曲棍球运动的前身。另一个证据是 1922 年在雅典海岸防波堤上发掘的古代遗迹中，雕刻在坡壁上的一幅浮雕，描绘着 6 个球员参加一种类似曲棍球的游戏。浮雕中，4 人持棍在旁站立，中央两位似做曲棍球的争球动作，与现代曲棍球的争球方式十分类似。

曲棍球

历史学家认为，曲棍球运动在许多国家的古文明时期就已经出现了，在中国、印度、波斯等国也有历史记载。依据推论，古代人类就曾以树枝和棍棒打击或滚动球状物，用以庆贺凯旋，或向固定的目标物滚掷石头，或用棍杖逗弄圆石滚转自娱。这些活动经过漫长岁月的演变和不断改进，渐渐演化成现在的曲棍球运动。

我国古代的步打球比欧洲曲棍球的历史要早得多，大约在公元 8 世纪，东传到了日本。现存日本古都奈良正仓院北仓的一条隋唐时期的花毡上，就织有一儿童在作步打球的形象。这条花毡长 236 厘米，宽 124 厘米，花毡的图案由花朵和一作击球状的童子组成，击球的童子右手执一弯月形球杖，正在弓身屈腿作击球状，在其左方绘有一球。整个图案生动地表现了唐代童子击球的生动场景。因此，欧洲的曲棍球与中国的步打球之间应有着一定的渊源关系。

在埃及金字塔和古希腊壁雕上都有类似于现代曲棍球比赛的图像。中国在唐代就流行“步打球”（比赛时分两队，队员各持下端弯曲的木棍徒步击球，以击入对方球门多者为胜），其运动方式与现代曲棍球也相似。现代曲棍球起源于英国，1861年在英国出现了第一个曲棍球俱乐部，1875年英国成立了第一个曲棍球协会，1889年男子曲棍球比赛在伦敦举行。此后曲棍球运动逐渐传入英联邦。

赛场礼仪

曲棍球运动在中国开展只有30年的时间，对于大多数中国观众来说，这项运动还比较陌生。随着中国女子曲棍球队的崛起，热衷于这项赛事的观众也越来越多。

观看曲棍球比赛，观众应提前入场并在观众席就座。运动员在裁判员的引导下集体入场举行升旗仪式，观众应起立致敬。介绍裁判员、运动员时，观众应报以热烈掌声。

曲棍球运动是集体对抗性项目，对运动员的各种竞技能力要求很高。比赛具有攻守转换速度快、对抗激烈等特点。进攻队员各种传球配合、快速突破、鱼跃垫射门及守门员扑球救险等比赛精彩场面令人赏心悦目。观众可随着攻防节奏的变化鼓掌或加油呐喊。

在判罚短角球和点球时，全场应保持安静，因为这两种罚球都要听到裁判员的哨音才能触球。短角球是否成功取决于技术、战术配合，双方都处于高度紧张状态，噪音可能会影响队员之间的交流和发挥。点球则是守门员和发球队员间的斗智斗勇，保持安静可以使运动员集中注意力更好地发挥水平。

比赛期间所有人员禁止吸烟，手机要关机或设置在振动、静音状态。

沙　排

赛场礼仪

沙滩排球，是奥运会体育项目中最能让人身心愉悦的项目之一。在灿烂阳光下，享受运动的美妙。由于这项运动具有的休闲和娱乐性，在正式比赛以外，参与者完全可以对种种规则置之不理，甚至可以自定规则。服装则是只有一个标准：宽松。包括观众在内，背心、短裤、遮阳帽、太阳镜随意穿戴，身材娇美的女士更可以选择比基尼。

这样的比赛，既养神又养眼。但是，这样清凉的打扮也容易让部分观众在比赛中开小差。本来对沙滩排球就不是很了解，抱着看热闹心态的观众应该不在少数，如果再心不在焉，就更是对比赛不尊重了。

所以，在比赛中，就算心情再放松，在享受阳光的同时，也别忘了给运动员热情的鼓励。

沙排选手的精彩比赛，需要您全神贯注地去欣赏。

沙滩排球是一项极具吸引力的运动，是奥运会赛场上一道亮丽的风景。身着健美运动装、身姿挺拔的运动员，再加上赛前身着比基尼的拉拉队员们的热舞，为这项运动赚足了人气。

大多数看过沙滩排球比赛的观众都认为，沙滩排球最大的魅力在于能带给人们快乐的心情。阳光、沙滩、健美的运动员，一切的一切让人有种度假般美好的心情。

另外，沙排的比赛服装也是奥运会各项比赛中最惹人注意的一款。早在 1998 年，国际排联就对沙滩排球运动员的着装做出了规定。规定中要求沙排女子运动员比基尼短裤裤边最宽不得超过 12 厘米，而男子运动员的短裤则必须离膝盖至少 20 厘米以上，就是穿得越短越好。国际排联本打算在室内排球也推出这样的规定，后因多数东方会员国的一致反对而最终没能实施。

与此同时，国际排联的相关负责官员也表示，国际排联关于沙排运动员着装的规定更多的是为了这个项目的特点而考虑，并非只想用“衣着暴露”的方式吸引更多的观众。沙滩排球是一项竞技体育项目，观众在看比赛时还是应该多把目光投向比赛，通过观看运动员每一次精彩的配合来体会这项运动的魅力，如果总盯着运动员暴露的着装或场边美女火辣的身材不放，似乎有些不太礼貌。

另外，在夏季奥运会比赛期间，由于场地和项目的关系，很多国外观众习惯于穿着运动背心、短裤去看比赛。尤其是一些女性观众，穿着可能会稍显暴露，所以，在看比赛的过程中，请尽量将视线多集中在比赛场上，别让人觉得您失礼。

重竞技项目

跆拳道

项目简介

现时跆拳道在全世界的组织主要分为两个体系，分别为：国际跆拳道联盟（International Taekwondo Federation，简称“ITF”）体系及世界跆拳道联盟（World Taekwondo Federa-

跆拳道

tion，简称“WTF”）体系。ITF 体系成立的时间比较早，WTF 体系成立时间则比较晚。而现时奥运会采用的是 WTF 体系。

跆拳道是由中国武术流传演化而来的在朝鲜和韩国民间较普遍流行的一项技击术，是一项运用手脚技术进行格斗的民族传统的体育项目。它由品势（特尔）、搏击、功力检验三部分内容组成。跆拳道是创新与发展起来的一门独特武术，具有较高的防身自卫及强壮体魄的实用价值。它通过竞赛、品势和功力检验等运动形式，使练习者增强体质，掌握技术，并培养坚韧不拔的意志品质。

腰带颜色的象征意义

白带：白带代表空白，练习者没有任何跆拳道知识和基础，一切从零开始。

黄带：黄带是大地的颜色，就像植物在泥土中生根发芽一样，在此阶段要打好基础，并学习大地厚德载物的精神。

黄绿带：介于黄带与绿带之间的水平，练习者的技术在不断上升。

绿带：绿带是植物的颜色，代表练习者的跆拳道技术开始枝繁叶茂，跆拳道技术在不断完善。

绿蓝带：由绿带向蓝带的过渡带，练习者的水平处于绿带与蓝带之间。

蓝带：蓝带是天空的颜色，随着不断的训练，练习者的跆拳道技术逐渐成熟，就像大树一样向着天空生长，练习跆拳道已经完全入门。

蓝红带：练习者的水平比蓝带略高，比红带略低，介于蓝带与红带之间。

红带：红色是危险、警戒的颜色，练习者已经具备相当的攻击能力，对对手已构成威胁，要注意自我修养和控制。

红黑带：经过长时间系统的训练，练习者已修完 1 级以前的全部课程，开始由红带向黑带过渡。

黑带：黑带代表练习者经过长期艰苦的磨炼，其技术动作与思想修为均已相当成熟，也象征跆拳道黑带不受黑暗与恐惧的影响。

赛场礼仪

体育运动最吸引人的地方在于它展示了力量的美学，而人与人搏击的体育项目比单纯展示人体自身体能素质的比赛更能让观众兴奋起来。因为其中除了力量之外，还包含了大量的应用技巧。

但需要注意的是，观赏这类比赛兴奋归兴奋，却不能因此而将这类力量型的搏击技巧等同于一般的打架。像中国的武术一样，跆拳道同样是具有漂亮的招式和华丽技巧的比赛。选手们除了需要具备强健的体魄，还需要有非常清晰的战术思路。对手不是一条跑道或一个游泳池，而是一个与自己一样要把对方击败的选手。看选手如何制服对方、控制对方正是这类运动最吸引人的地方。

搏击项目规则繁复，而且比其他运动项目更注重选手间的礼仪。开赛前双方选手要互相致礼，比赛过程中也要遵守严格的场上规则。高手过招点到为止，决不能伤害对方身体。这种力量与技巧合二为一的运动，实是一门艺术。力量不等于野蛮，从以往比赛的获胜者看来，那些胜者不单胜在技巧，他们更有让对手尊重的职业品质。

观众的加油无疑是对选手最好的鼓励。但内行看门道，外行看热闹，要是在一场高手对决的比赛中，丝毫没看出比赛的精彩所在，乱喊好甚至叫倒好，实在是大煞风景的一件事。倒地的选手未必就是输家，进攻猛烈的一方未必就占上风。在奥运会这个高手云集的比赛场上，看这些选手高水平的比赛，实在是一种难得的享受。

摔　跤

项目简介

摔跤是重竞技运动项目之一，是一个古老的竞技项目，两人徒手相搏，按一定的规则，以各种技术、技巧和方法摔倒对手。

世界各国都有各具民族特点的摔跤形式和方法。中国的摔跤，苏联的桑勃，日本的柔道和相扑，以及古典式角力、自由式角力等均属摔跤范畴，都有自己形式的摔法和比赛规则。希腊、中国、日本以及埃及等国家的古代文献中就有相关的文字记载。

摔跤比赛

摔跤在公元前708年的古代奥运会上就已经是比赛项目了。目前国际式摔跤比赛形式有古典式和自由式两种，比赛时按体重分级进行。古典式摔跤在1896年首届现代奥运会就被列为比赛项目；自由式摔跤则是在1904年正式被列为奥运会比赛项目。

摔跤初成为现代奥运项目时，没有体重的分级和限制。于1900年的第2届奥运会取消，4年后重新加入，并加入了自由式角力直到现在。2004年的雅典奥运会，新增了女子项目。

运动员礼仪

摔跤在我国是一项古老的运动。随着历史和时代的演变，各地和各民族的比赛方法以及风俗习惯已不尽相同。但参加这项比赛的双方运动员，赛前赛后都仍应通过一定的方式来表示对对方的敬意。

比赛开始前，双方运动员在面对面走近时，应热情地将手相互搭在对方的肩上，轻轻拍两三下，以表示敬意，这样做含有“向您学习”和“多多关照”的意思。然后，双方后退几步，以准备姿势站立，并开始比赛。

比赛结束时，无论谁胜谁负，双方也都应有礼貌地主动相互握手或拥抱，一并离开赛场。

同样，胜者不能只顾自己昂首阔步下场，而应在向观众致谢和致敬的同时，向对手表示慰问和鼓励，以不失去优胜者成熟、文明、大度和谦虚的风度。

赛场礼仪

(1) 为了赛场安全，观众不得妨碍或拒绝配合赛场的安检工作。

(2) 在观看比赛时，不要把自己当成是专家，对比赛形势和队员表现指指点点、喋喋不休，影响他人观赛。对运动员和裁判员的表现不满意便乱喊谩骂，是对运动员和裁判员的不尊重。

(3) 加油助威时，要使用文明的语言，同时也要控制自己的情绪，不要一激动就出言不逊。看摔跤比赛时，首先要了解规则，可以通过裁判的手势尽快投入观看比赛。

(4) 服装仪容要整洁，不能光膀子。带进场馆的食品包装、纸壳等，要放到指定的垃圾箱，或看完比赛后打包带出场馆，妥善处理。

(5) 摔跤比赛都在室内进行，场馆内不允许吸烟；手机要关机或设置在振动、静音状态。

(6) 有的观众喜欢在看比赛时起身张望，或挥大旗，这些行为会影响后面的观众。

(7) 在介绍运动员的时候，观众应该给予掌声鼓励。

(8) 在升比赛双方的国旗、奏其国歌时，应该庄严肃静，全体起立。

观看摔跤比赛的限制并不是很严格，很多时候观众和场上运动员会有互动，这也是摔跤运动特殊的魅力。我们是有着悠久文化的文明古国，堂堂中华，礼仪之邦，在观看比赛的同时，要知道你并不只是一名普通的观众，你的言行、举止代表着中国。

柔 道

项目简介

柔道是中国拳术的发展，源出少林之门。

在日本东京，古武道研究会曾立一碑，上书：“拳法之传流，自明人陈元赟而起。”陈元赟是中国的一位武林高手，是他将中国的传统武术传到扶桑（今日本），成为现代风行世界的柔道之先河。

陈元赟生于明万历十五年（1578年），祖籍杭州，因崇尚武艺，少年时代即在嵩山少林寺习武。经名僧指点，武术渐进，成为一名武林高手。

天启元年，东游扶桑，先后在名古屋、江户等地传授正宗华夏拳术，并广收徒弟。那时，陈元赟的徒弟中有三浦、福野两君深得少林武术之真谛，自立门户后，遂称为“日本中古柔术之祖”，将中华武术发展成日本的柔术。

1951 年，日、英、法诸国发起创立国际柔道联盟，第一届世界柔道锦标赛于 1956 年在东京举行，1973 年柔道项目正式列入我国竞赛项目。

柔道在日语中是“柔之道”的意思，就是温柔的方式。柔道部分起源于一种古代日本武士空手搏斗的技术：柔术。柔道通过把对手摔倒在地而赢得比赛，它是奥运会比赛中唯一的允许使用窒息或扭脱关节等手段来制服对手的项目。柔道是一种对抗性很强的竞技运动，它强调选手对技巧掌握的娴熟程度，而非力量的对比。

柔道运动是嘉纳治五郎在 19 世纪 80 年代创立的，并且在 1964 年东京奥运会上成为奥运会比赛项目。当时日本作为奥运会主办国可以增设一项比赛项目，于是日本选择了柔道。东京奥运会只设 4 个级别的比赛，日本选手夺得了其中的 3 枚金牌。但是在无差别级比赛中，身高 1 米 98 的荷兰选手安东·格辛克，在日本武道馆 15000 名观众面前，击败了连续 3 届的日本冠军神永昭夫，并且在复活赛中再度将其击败，从而打破了日本柔道高手能够战胜任何对手的论调。

柔道比赛要求选手对对手的四肢、脖子作出“锁臂”、“扼颈”等动作，将对手扔倒或压制在地，直到对手认输或清楚地将对手扔在地，方可取得胜利。

赛制介绍

男、女柔道分别在 1964 年第 18 届奥运会和 1992 年第 25 届奥运会上被列为比赛项目。在奥运会上，男选手得分并赢得比赛的时间是 5 分钟，女子为 4 分钟。如果双方都没有得分，则由三名裁判按照多数票的原则确定胜者。每个重量级别的项目都设有 1 块金牌，1 块银牌和 2 块铜牌。

在悉尼奥运会上，有 400 名选手参加柔道比赛，他们将不再身着白色传统服装，而是一名选手着白色服装，另一名选手着蓝色服装。

每个级别的选手将首先分到两个组进行单淘汰赛，然后小组前两名进入半决赛，胜者争夺冠军。

运动员也许是为了强调柔道运动是任何身材的人都能参加的运动，悉尼奥运会上最引人注目的两名柔道选手身材的确相差悬殊。

北京奥运会柔道比赛共设 14 个小项，男女各 7 项，分别是男子 60 公斤级、66 公斤级、73 公斤级、81 公斤级、90 公斤级、100 公斤级、100 公斤以上级，女子 48 公斤级、52 公斤级、57 公斤级、63 公斤级、70 公斤级、78 公斤级、78 公斤以上级。

比赛场地和服装：柔道比赛场地用榻榻米或类似榻榻米的合适材料铺设，颜色通常为绿色，分比赛区和安全区。运动员一方穿蓝色的柔道服，另一方穿白色的柔道服。柔道服上衣的长度须能盖住大腿，上衣左襟压右襟应足够宽大。腰部系一条宽4到5厘米的腰带，其颜色代表运动员的段位。

竞赛规则：比赛时，根据运动员使用的技术，按其质量和效果评为4种分数。

（1）一本。四种情况获得“一本”：比赛的一方控制对方并使用投技以相当的力量和速度把对方摔成大部分背部着地状态；在“压技”比赛中一方把对方控制住，使其在宣布“压技开始”后25秒钟内不能摆脱控制时；比赛的一方用手或脚拍击垫子或对方身体两次或两次以上，或喊“输了”时；当比赛的一方使用绞技或关节技，充分显示出技术效果时。另外，当比赛一方受到第四个“指导”的处罚时，另一方则获得“一本”得分。当一方获得“一本”后，即获得该场比赛的胜利。

（2）技有。有两种情况获得“技有”：比赛一方控制对手并使用投技摔倒对方，但技术效果在评判“一本”的3个条件中有1项不足时；在“压技”中，比赛一方把对方控制住，达到20秒钟以上。另外，当比赛一方受到第3个“指导”的处罚时，另一方则获得一个“技有”得分。比赛一方在一场比赛中获得第2次“技有”时，即获得胜利。

（3）有效。有两种情况获得“有效”：比赛一方控制对手并使用投技摔倒对方，但技术效果在评判“一本”的3个条件中有2项不足时；在“压技”中比赛一方把对方控制住15秒钟以上。另外，当比赛一方受到第2个“指导”的处罚时，另一方则获得一个“有效”得分。

（4）效果。有两种情况获得“效果”：比赛的一方控制对手并使用投技有速度、有力量地把对方摔成一个肩或大腿或臀部着地时；在“压技”中，比赛一方把对方控制住10秒钟以上。另外，当比赛一方受到“指导”的处罚时，另一方则获得一个“效果”得分。

一场比赛中，运动员获得“一本”后，该场比赛即可结束，获得“一本”的运动员获得本场比赛胜利。一场比赛中没有出现“一本”胜利时，在规定的比赛时间内，则按“技有”、“有效”、“效果”的多少评定胜负。但是一个“技有”胜过所有的“有效”和“效果”。一个“有效”胜过所有的“效果”。如果双方得分相等，则进行加时赛，加时赛中先得分者获得该场比赛胜利。加时赛结束后，如果双方得分还没有改变，则由场上3名裁判经过商议后举旗决定胜负。

犯规：

运动员有犯规行为或是超出比赛区，根据情节轻重受到“指导”(koka)、“注意”（yoko)、“警告”(半分)、“取消该场比赛资格”（一本犯规）的处罚。运动员在一场比赛中，受到2次警告，就取消该场比赛资格，判对方获胜。最为严重的犯规是一本犯规，但在判罚前，裁判需与边裁商定。

不可击打对方，不可用头、肘、膝顶撞对方，不可抓对方头发及下部。用手、脚、腿或胳膊击打对手的脸部是绝对不允许的。除了肘关节外，不许对其他关节使用反关节的动作。任何可能伤害对方颈椎或脊椎的动作均被禁止。此外，在比赛中防守过度，被对手推挤出比赛区域或故意躲避对手，给对手造成危险都属于犯规。

超出比赛区域指的是柔道选手身体的任何部分超出了比赛区域。如果参赛一方将另一方摔出，而本身由于失去重心而跌出场外，则按照被摔选手的落地时间来判断其是否犯规：被摔选手若先着地，则不算犯规，反之，算犯规。在比赛中被对手用合乎规则的动作摔出场外则不属犯规。

赛场礼仪

柔道是东方传统的武道，它不仅追求攻防技艺的磨炼，更要求习练者有良好的道德品质修养。柔道比赛蕴含着丰富的礼仪内容。

(1) 服饰礼仪。柔道服应为白色或米黄色，上面不能带有不必要的标志。柔道上衣的长度须过大腿的一半，袖长须过前臂的一半，但不能长过腕关节，在衣袖和臂之间应留有5～8厘米的空隙。裤子不得带有任何标志，其长度须过小腿的一半，但不得长过踝关节，在腿和裤脚口之间应留有5～8厘米的空隙。在腰部必须系一条结实的其颜色代表段位的宽4～5厘米的腰带，腰带要用方结系紧以防止上衣敞开，其长度须在绕腰两周系好后，两端各留有20～30厘米的空余段。女运动员须在柔道衣内穿一件结实的白色或米黄色的T型短袖衣，其长度须长到能把底襟压在裤子里。

(2) 仪容礼仪。选手必须穿着洁净、干燥的柔道服上场比赛。选手的手指甲和脚指甲必须修短，个人卫生须达适度标准。为避免给对手造成不便，留长发的选手须把长发束扎起来。

(3) 比赛礼仪。在比赛时，为了表示相互尊敬，比赛双方都是从礼开始，并以礼结束。

比赛前，选手应面对面站在比赛区内和自己标志带相同颜色的红、白标志线上，然后相互行立礼并向前一步，在主裁判宣布“开始”的口令之后，开始进行比赛。行立礼的基本过程是：首先身体成自然站立姿势，两脚脚跟并立，膝关节伸直，两眼注视对方，接着上体前弓约30°，两臂下垂，两手手指放在膝关节上方的大腿处，稍静止，最后自然抬起上身，恢复原来站立姿势。整个过程大约在4秒钟左右。

在比赛时，选手要相互尊重，不可向对手做出贬义的手势或类似举动，不能用手、脚、腿或胳膊击打对方的脸部，在被对手控制的情况下不可掰对方的手指。

比赛结束时选手也需互相致礼。另外，在每场比赛开始之前，3名裁判（1名主裁判和2名副裁判）须一起站在比赛场地的界限内向主席台行礼，然后就位。

观众礼仪

柔道运动和摔跤运动一样，展示的是一种搏击美，观众在观看比赛时切不可将柔道视为简单的搏斗表演。柔道运动追求的是平衡，选手靠选择时机利用对手的失衡，控制对手并将对手摔倒，而且只有使对手的肩膀落地才能取胜。所以，观众要看得懂场上运动员比赛的进程，知道在什么时候鼓掌，什么时候不能鼓掌。有的观众只要见到一方倒地就拍手叫好，有的观众甚至看到运动员摔倒的场景还会叫倒好，这些都是不文明的观赛行为。还有，无论是哪个国家的运动员，只要其动作干净漂亮，观众都要为之加油鼓掌。

拳　击

项目简介

拳击运动源远流长，可考证的历史就有5000多年，是文明和规则把拳击运动引入健康的发展轨道，并最终成为奥运会常规的比赛项目。

拳击比赛

公元前688年第23届古代奥运会上，拳击被列为比赛项目，但那时的拳击比赛没有护具，规则简陋，比赛一直要到对手失去战斗力或认输才能结束。到罗马时期，拳击演变成残杀性的比赛，公元394年罗马皇帝下令禁止一切拳击活动。现代拳击运动开始于英国。1743年，英国“拳击之父”约翰·布劳顿推出世界上最早的职业拳击比赛规则，此后又发明了拳击手套。1865年，英国记者钱伯斯修订了“昆斯伯利规则”，现代拳击竞赛框架形成。该规则经过20

多年的实践与完善，于 1891 年得到世界公认。1896 年第 1 届现代奥运会组委会出于安全考虑，取消了拳击项目，1904 年第 3 届奥运会又恢复了拳击项目，1912 年奥运会拳击项目再次被取消，直到 1920 年拳击项目才重回奥运会并一直持续了下来。

拳击是对抗性极强的运动项目，比赛中的打斗和可能产生的伤害使一些人认为拳击是一项残酷、不人道的运动。其实，稍微深入了解一下这项运动就会知道并非如此。国际业余拳联公布的统计结果表明，业余拳击的伤害率在所有项目中仅排 11 位，远比滑雪、赛车、曲棍球、橄榄球、足球、体操等运动项目低，而且规则的不断完善和护具的改进使运动员的安全更有保障，使拳击比赛更加文明。

拳击业余比赛和职业比赛有着很大不同。在国际业余拳联自 1997 年开始实行的新规则中，规定业余拳击比赛实行 5 个回合制，每个回合打 2 分钟，回合间休息 1 分钟。职业拳击比赛一般是实行 10 到 12 回合制，回合中间休息 1 分钟。业余拳击比赛主要靠技术得分来判定胜负，所用拳击手套大而且厚，比赛时红蓝双方运动员要穿背心、短裤、软底拳鞋，并且戴护头盔。职业拳击比赛主要靠强烈攻击或将对方击倒判定胜负，比赛时拳手的手套小而且薄，拳手赤裸上身、头部不戴头盔。拳击比赛根据运动员的体重划分成不同的级别，业余拳击比赛分为 12 个体重级别，职业拳击比赛分为 8 个体重级别。

在拳击业余比赛时，运动员用拳直接击打对方头部或腰以上部位的正面或侧面，为有效击中，每击中一次得 1 点。裁判员根据双方在 5 个回合中所得的总分判定名次。当一方运动员被击倒后，裁判员要开始数秒，从 1 数到 10，并用手势表示秒数，如裁判员数到 10，该运动员还不能站起来，则判对方获胜。

运动员礼仪

拳击比赛之前，双方上场的运动员都按抽签的结果，确定各自属红角还是蓝角。

拳击运动员在登上比赛台时，都已全副武装，穿戴好拳击手套和各种保护装备。所以，在双方互相致敬时，应各自从所代表的红角和蓝角向拳台中央走去。当两个人接近时，双方都可以双手举起两拳，用轻轻敲击对方两拳的方式，表示自己的敬意和礼貌，然后进行比赛。

拳击比赛结束后，除非一方被击倒，双方都应在台下评分员报出最后得分前，相互拥抱以表示友谊和敬意。待裁判员最后确定比赛胜负者时，双方也应相互致意。负者可向胜者祝贺胜利并拥抱，决不可表现出垂头丧气的神情，独自回到台下。而胜者除了向裁判和观众致敬外，也应向负者友善地表示慰藉和鼓励，切不可表现出洋洋自得、目空一切的姿态。双方不打招呼，就各自分手的做法，是很不礼貌的。

赛场礼仪

拳击作为现代体育的一个项目，有别于作为军事训练科目的“拳击”和作为防身手段的“散打”，目的是通过竞技磨砺意志，强健体魄，健美身心，增进友谊。因而，在拳击场上，拳手要有正确的行为规范，要以真正的体育精神来参加比赛。

在拳击业余比赛中，参赛拳手必须戴合乎规格的拳击手套、头盔、护齿和护裆上场比赛。拳手下巴禁止蓄有胡须，上唇胡须最长不能超过上唇缘。

参赛拳手要在第一回合开始之前和比赛结果宣布后相互握手，以示友好。在比赛时，拳手不能击打对方腰线以下部位，不能用手臂和肘部挤压对方的脸部，不能把对方的头往围绳外压，不能张开手掌击打或用掌背击打，不能击打对方的头颈后部以及躯体的背部。当裁判员命令“分开”时，拳手要后退一步，不能再击打对方。

观看拳击比赛更要讲究体育精神，观众在观看比赛时要有遵守规定、尊重别人的意识，具备平和、健康的心态，对拳手的支持要有节制，不能干扰选手情绪和扰乱赛场秩序。

拳击比赛吸引人的地方之一是拳台周围设有观众席，观众可以零距离地观看激烈的对抗。拳击比赛本身所具有的紧张和刺激，使观看拳击比赛的观众容易热血沸腾。观赛时，观众需要克制自己的情绪，做到加油而不鼓噪、激动而不疯狂，不要由于自己对某个运动员的喜爱变得感情用事，随口说出一些野蛮的加油词汇。要知道不文明的言论不仅影响自己的形象，还会对其他观众起到煽动作用，对整个比赛造成不良影响。

在观赛的时候，观众千万不能喝倒彩。由于拳击比赛的特殊性，喝倒彩很容易造成场上队员对立的情绪，往往会使正常的比赛变得不正常起来。在拳手击中对手的时候，观众应该给予掌声和欢呼声，但是决不能怂恿拳手击打已经倒地的对手，更不能起哄或者向失利的一方发出嘘声或吹口哨。更要注意的是，当拳手倒地接受数秒时，往往是对拳手体力与毅力的极大考验，作为一名有素养的观众，当拳手以顽强拼搏精神站起来时，应该为之鼓掌助威，而不应该起哄、喝倒彩。

拳击比赛双方的对抗形势瞬息万变，要求拳手能在极短的时间内准确地了解对手的状况，同时还要迅速作出相应的判断并采取相应的行动。为了不干扰拳手的比赛，现场观众在拍照时是不能用闪光灯的，坐在前排的观众也不能向运动员挥舞或抛掷物品。

举 重

项目简介

现代举重运动始于18世纪的欧洲，当时英国伦敦的马戏班常有举重表演。19世纪初，英国成立举重俱乐部。举重杠铃的两端最初是金属球，重量不能调整，比赛以次数决胜负。后来意大利人阿蒂拉将金属球掏空，通过往球内添加铁或铅块来调整杠铃重量。1910年伯格将金属球改成重量不同、大小不一的金属片。1891年首届世界举重锦标赛在伦敦皮卡迪里广场举行。20世纪40年代，美国开始举办女子举重比赛，1987年举行首届世界女子举重锦标赛。早期举重比赛方式为单手举哑铃、双手举杠铃。1920年起比赛方式改为单手抓举、单手挺举、双手抓举、双手推举、双手挺举。1972年后取消推举比赛项目。参赛选手体重分级也不断变化，1947年起将5级改为6级，1951年改为7级，1972年增至9级，1976年发展到10个级别。1998年1月1日起，男子调整为8个级别，女子调整为7个级别。

举 重

男、女举重分别于1896年和1996年被列为奥运会比赛项目。

比赛规则

使用杠铃、哑铃、壶铃等器材进行锻炼和比赛的运动项目，为举重。举重运动员要完成两个举重动作：抓举和挺举。在抓举比赛中，要求选手伸直双臂，用一次连续动作将杠铃举过头顶。而在挺举比赛里，选手需要先将杠铃置于双肩之上，身体直立，然后再把杠铃举过头顶。运动员要等到裁判判定站稳之后才能算成绩有效。

铃由横杠、套筒、卡箍、杠铃片组成，横杠长2.20米，直径2.8厘米，重20公斤。比赛按抓举、挺举的顺序进行。每场比赛运动员共有6次试举机会，抓举3次，挺举3次。

奥运会比赛只计算抓举和挺举总成绩，如总成绩相同则赛前体重轻者列前，如再相同，则以赛后即称体重轻者列前。

赛场礼仪

举重是体育比赛项目中动作相对简单却充满魅力的运动。选手们从走上赛台开始就集中全部精力，然后用强大的爆发力和惊人的力量完成整个动作。全程不过1分钟，但这1分钟对于选手来说，就意味着全部，在杠铃离地后短短几秒钟内，选手要把几十种技术动作都做到位，有一个地方出现差错便会前功尽弃，可见，举重的难度可与任何一个体育项目比肩。

作为看台上的观众，在选手上场时可以大声呐喊，为运动员加油，但从选手碰触杠铃开始，观众就要进入绝对安静的状态中，不能发出任何容易让选手分神的声音。一旦运动员受到干扰，后果会非常严重，这也是为什么举重场馆内的观众人数会有所限制的主要原因。当运动员举起杠铃并放下后，观众才能鼓掌祝贺。

体操和艺术体操项目

体　操

“体操”一词源于古希腊语，意为裸体技艺，与当时裸体操练有关。体操在中国、印度、埃及、古希腊、古罗马都有着悠久的历史。现代竞技体操始于18世纪的欧洲，有德国体操和瑞典体操两大流派。

20世纪20年代，国际体操联合会将德国、瑞典两大流派结合起来，确立了现代竞技体操的项目。男子有自由体操、鞍马、吊环、跳马、双杠、单杠6个项目，女子有自由体操、高低杠、平衡木、跳马4个项目，

体　操

分团体赛、个人全能赛和单项赛。

1. 自由体操

自由体操始于德国。比赛时运动员在规定的场地和时间内完成编排成套的徒手体操和技巧动作。1958年第10届世界体操自由体操锦标赛规定女子自由体操必须有音乐伴奏。1903年自由体操成为世界体操锦标赛比赛项目。男、女自由体操分别于1932年和1952年被列为奥运会比赛项目。

2. 鞍马

鞍马源于跳马项目，1804年德国著名体操家古茨穆特斯将木马上的马鞍换成一对铁环，后铁环被木环取代，形成现在的鞍马。鞍马为男子项目，1896年被列为奥运会比赛项目。

3. 吊环

吊环起源于法国，其形成与杂技

悬空绳索表演有关，后传入意大利和德国。1842 年德国人施皮斯制作了世界上的第一副吊环。吊环原为体操训练的辅助手段，19 世纪下半叶成为独立的男子比赛项目。吊环为木制，圆形，用钢索悬挂在高 5.80 米的立架上，两环相距 50 厘米，木环与钢索间用皮带或帆布带连接，长短可调节。1896 年吊环被列为奥运会比赛项目。

4. 跳马

跳马源于罗马帝国末期的骑术训练。初跳真马，后改为与真马外形相似的木马，并配有马鞍。1719 年将马腿改为立柱，1795 年德国人维斯首先去掉木马的马头，1811 年又去掉马尾，将两端改为圆形，马身用皮革包制。马长 1.60 米，男子跳纵马，马高 1.35 米，女子跳横马，马高 1.20 米。1836 年德国人施皮茨在学校体操节首次表演跳马，1877 年德国规定跳马必须助跑 6 步，从正侧两个方向过马和做 1 ~ 2 次支撑动作。男、女跳马分别于 1896 年和 1952 年被列为奥运会比赛项目。

5. 双杠

双杠起源于德国。1811 年德国体操家在柏林郊外的哈森海德体操场首次安装双杠这种体操器械，它由 4 根立柱架设 2 根平行的木制横杠构成，横杠长 3.50 米，两杠间距及高度可调节。双杠最初为体操训练手段，19 世纪 40 年代成为独立的比赛项目，1896 年被列为奥运会比赛项目。

6. 单杠

单杠起源于德国。18 世纪末西欧国家的杂技表演出现抓住钢丝做大回环的动作，受此启发，1811 年德国体操家在柏林郊外的哈森海德体操场用一根木杠代替杂技演出的钢丝，首次安装了世界上的第一副单杠。1812 年木杠改为铁制，后又改为钢制，杠的弹性和承受力增大。单杠杠长 240 厘米，直径 2.8 厘米，高 2.55 ~ 2.75 米，横杠两端分别固定在支柱上。19 世纪 20 年代单杠成为独立的比赛项目，1896 年被列为奥运会比赛项目。

7. 高低杠

高低杠始于欧洲。19 世纪下半叶欧洲兴起女子体操，使用与男子相同的器械。20 世纪 20 年代后，医学界人士认为单杠、双杠、鞍马等器械练习对身体负荷太大，女子从事这些项目会影响身体健康，因而取消了单杠、鞍马项目，并将双杠中的一杠降低，形成倾斜状，练习时手脚和身体均可触及器械，以分散负荷。高低杠横杠由玻璃钢制作，椭圆形，长 2.40 米，高杠高 2.30 米，低杠高 1.50 米，两杠间距可在 1.10 ~ 1.40 米间调整。1952 年高低杠被列为奥运会比赛项目。

8. 平衡木

平衡木起源于公元前的罗马时代。18 世纪末，德国体操家将其用于体操训练的辅助器材，后传入欧美国家。平衡木最初为圆形，两端及中部用支架支撑。19世纪初，德国体操家古茨穆特斯将平衡木设计成平面，置于地上。平衡木为方形木条，长5米，宽10厘米，距地面高1.20米。1845年平衡木成为女子体操项目，1952年被列为奥运会比赛项目。

比赛规则

按照国际体操联合会（FIG）的比赛规则，重大的国际性比赛（如奥运会、世界体操锦标赛等）往往是男、女分场进行。男、女分场比赛就是男、女分开不同场进行比赛，每场男子有6支队上场比赛，每个项目上有1支队；女子每场比赛也有6支队参加。在一些中小型国际比赛和国内比赛中，基本上是男、女同场进行比赛的。男、女同场进行比赛是为了便于比赛的编排，每一场比赛都有3支男队、3支女队同时出场比赛，分上、下半场，每个半场有3轮。上半场3支男队分别在自由体操、鞍马和吊环项目上进行比赛，两支女队则在跳马和高低杠场地上进行比赛，另一支女队轮空。上半场3轮比赛完毕后进行下半场比赛，男队有跳马、双杠、单杠3个项目，女队则在平衡木和自由体操上进行角逐。这样，跳马和自由体操这两个男女共有的项目就会因有上、下半场而错开了。

比赛没有正式开始前，运动员们在各个项目上做赛前练习，时间是每个人30秒。每个队有5个人，共2分30秒。比赛开始后，项目裁判长高举绿旗或打开绿灯，这是给准备比赛的运动员一个信号。如果信号发出后30秒钟，运动员还未上器械，就算弃权，判为0分。

运动员上器械前，要面向裁判长举起右手示意，这既是对裁判的尊重，也是提醒裁判员注意：我要开始做动作了。当运动员完成一套动作之后，也要向裁判长立正、示意，表示动作完毕。而后，D组裁判组根据运动员完成的难度来确定一个难度分向全场显示。E组裁判员则要求在30秒之内对这套动作的技术、姿态等方面进行扣分，并填写在记分单上，由电子计分系统或跑分员送至裁判长处。最后由裁判长根据D、E组裁判员的打分情况，示意出该套动作的最后得分。如果 个队5名运动员都比赛完毕，那么在器械上就要挂上一面红旗或打开红灯，这标志着此项目比赛已经完毕。若所有的项目都挂出红旗或打开红灯，广播员就会通知运动员轮换项目。如此循环，直至6个项目比赛全部结束。

国际体操评分规则明确规定，在所有的团体比赛中，运动员要穿统一的服装，在鞍马、吊环、双杠、单杠4个项目的比赛中，一定要穿背心、长体操裤、体操鞋（或袜子）。之所以有这条规定，是因为这4个项目主要是以上肢动作为主，穿长裤不仅对运动员做动作影响不大，而且还可以增加动作的美感。而自由体操、跳马这两个项目，基本上全身都要参与运动，特别是腿部的活动较多，为了保证运动员在比赛中更好地发挥水平，创造更好的成绩，规则规定在这两个项目的比赛中，可以穿短裤，也可以赤脚（防止打滑）。如果运动员违反这些规定，将从团体总分或个人得分中扣除一定的分数。

艺术体操

艺术体操又称韵律体操，起源于欧洲，为女子项目。20 世纪初，瑞士日内瓦音乐学院教师雅克·达尔克罗兹创编的韵律体操，将身体练习与音乐结合起来，并从最初的徒手发展为使用轻器械的形式。艺术体操有团体赛、个人全能赛和个人单项赛，使用的轻器械主要有绳、圈、球、棒和带等。1962 年艺术体操被国际体操联合会确定为比赛项目，1963 年起举办世界艺术体操锦标赛，1984 年艺术体操被列为奥运会比赛项目。

艺术体操

1. 绳

采用麻或合成纤维制成，可染成除金、银、铜以外的其他颜色。长短等同于运动员身高，两端有小结头，中段可缠布条或胶布。比赛由过绳跳、摆动、绕环、8 字、抛接、跳跃、平衡以及各种交换绳握法等动作编排而成。

2. 球

采用橡胶或软塑料制成，可选用除金、银、铜以外的其他颜色。直径 18 ~ 20 厘米，重 400 克以上。比赛由拍球、滚动、转动、绕环、8 字、抛接、跳跃、平衡以及旋转等动作编排而成。

3. 棒

采用木材或合成材料制成，可染成除金、银、铜以外的其他颜色。全长 40 ~ 50 厘米，重 150 克以上，形状如瓶，细端为颈，粗端为体，顶端为头。比赛由绕环、空中转动、抛接、摆动、跳跃、平衡以及敲击等动作编排而成。

4. 带

由棍、尼龙绳或带构成。棍采用木、竹、塑料或玻璃纤维等材料制成，带采用缎或类似材料制作，可选用除金、银、铜以外的其他颜色。带长 6 米，宽 4 ~ 6 厘米，重 35 克以上，棍长 50 ~ 60 厘米，直径不超过

1 厘米，一端有金属环，与绳或带相连。比赛由绕环、螺形、抛接、摆动、跳跃、平衡、转体、8 字以及蛇形等动作编排而成。

5. 圈

采用木材或塑料制成，可选用除金、银、铜以外的其他颜色。横断面可以是圆形、方形、椭圆形等，内径 80 ~ 90 厘米，重 300 克以上。比赛由滚动、转动、8 字、绕环、抛接、旋转、钻圈以及平衡等动作编排而成。

体操和艺术体操是人们比较喜欢的体育项目，体操所体现出的运动和人体的美感往往令人陶醉。从观赛的角度来讲，观众主要欣赏男运动员强健的肌肉、动作的高难度以及力量之美，欣赏女运动员体形的优雅、动作的舒展大方以及高难度动作与音乐的组合之美。

艺术体操有以下几个特点：

（1）艺术体操提倡韵律和节奏，是以自然性的动作为基础的节奏运动。

什么是节奏呢？节奏就是动力在时间、空间上得到最合理的分配，用最省的力量完成最复杂的动作。节奏的根本规律是紧张和松弛的合理交替，所以，艺术体操要求练习者一定要掌握松弛的技术，防止由于过分紧张用力而造成动作僵硬。节奏的基本动作是摆动、波浪和弹性动作。因此，波浪起伏、流动和节奏是艺术体操区别于其他运动项目的主要特点之一。

（2）艺术体操要使用轻器械。

就是说，运动员要手持各种不同的轻器械完成各种器械动作（如抛接、滚动、转动等）和身体动作（如跳跃、转体、平衡等）。对于艺术体操，不管使用何种器械，对动作来说，都是起辅助作用的，应把它们看做是身体某一部分的延长，起到加大整个动作幅度的作用。为了使身体动作和器械动作有机地结合，初学者应在掌握基本身体动作之后才能运用器械，即徒手练习是基础。如果在使用器械时，没有身体动作，那么器械动作难度再高，也不能成为艺术体操，因为那种单纯使用器械的动作与杂技演员的动作没有什么区别，这就失去了艺术体操的基本特点。

（3）艺术体操必须有音乐伴奏。

音乐是艺术体操的灵魂，是充分体现其韵律和节奏的最主要的表现手段。一首优美动听、与动作协调配合的乐曲，不仅能激发练习者的情绪，提高练习的兴趣，最主要的是能使艺术体操动作更富有感染力和表现力。对于初学者来说，音乐不是单纯“节拍器”，而是通过听音乐做动作，培养练习者的节奏感。同时，音乐还能有助于练习者合理地掌握动作技术。例如，学习弹簧步时，音乐可以帮助练习者体会弹性起伏的“力”的运用，这是任何节拍器和口令所不能替代的。

(4) 艺术体操适合广泛群众。

由于艺术体操所特有的韵律性和艺术性，以及不受场地器材限制的优点，使这个项目很容易在大、中、小学中普及，在女生中尤其易于开展。它可以根据各校的特点和条件，选择不同难度、不同动作幅度、不同动作类型的练习内容，可以室内练习也可在室外练习，只要有一块平坦的场地即可。艺术体操还是雨天体育课的好教材，在教室里、在走廊上或门厅内，都能进行，这也是区别于其他运动项目的特点之一。

艺术体操美，概括着徒手和器械动作，并运用各种走步、舞步、跳跃、转体、平衡、波浪、弹性、松弛以及技巧中的翻滚跌扑，在音乐伴奏下进行有韵律的身体活动，以身体姿态展示出女性优美的动态、形象和风姿。

艺术体操不仅是体育运动的健康美，而且是融入了芭蕾舞、民族舞、竞技体操、武术、杂技、戏剧等技术之精髓，还创造了一整套的有思想、有表情、有层次、有结构、有难度的立体练习程式，从而构成艺术体操的美。

艺术体操以其高超的难度技巧、独特新颖的编排、妩媚多姿的舞蹈、袅袅婷婷的动作及协调一致的音乐配合等因素来展示出优美而和谐的姿态美。它要求每一个动作的一招一式不仅具有线条美和节奏美，而且还要有大小、高低、强弱、快慢、缓急、正侧、主宾、虚实、方圆、奇偶、断续、顿挫、张弛、离合等变化，表现出艺术体操的高雅和谐，刚柔相济，动静结合的美姿，从而使人们赏心悦目。

艺术体操只有以高雅的技巧、优美的舞姿、动听的旋律、协调的色彩、感人的艺术形象和敢于表现等各种因素，综合成一个统一、和谐的有机整体，才能创造出鲜明、完美的意境，令人心驰神往，产生强烈的审美力量。若忽略了任何一个局部，如技巧难度太低，音乐旋律感太差，造型不美，神形分离等等均会对整体产生重大的损伤。在艺术体操中绝不能把技巧、舞蹈、造型、音乐等等看成是各自孤立的、个别的，而应严格地按照每一局部美的规律进行创造，并把它们和谐、完整地统一在自己的审美理想和民族风格之中，浑然成为一个整体，方可产生出韵味十足、水乳交融、风格突出、令人陶醉的艺术感染力。

赛场礼仪

体操是一项富有高度艺术性和技巧性的竞技运动项目，具有很强的欣赏性。体操项目礼仪对运动员和观众是有诸多要求的，一方面运动员应尽最大努力展现自我风采，尊重观众，尊重裁判，另一方面观众也应该懂得体操项目的观赏要求和习惯，以礼貌而热情的方式支持运动员。

运动员礼仪

1. 服饰礼仪

体操运动员出场的时候，服装是随着器械的不同而变化的，之所以变化，一方面是为了上器械方便，另外也是出于对观众的尊重，因而运动员只允许穿合乎规范的体操服。对于所有的男子项目，运动员都要穿背心。鞍马、吊环、单杠和双杠这4个高器械项目要求男运动员穿长裤和袜子，以防止运动员在高器械上做大幅度动作时“走光”，长裤的颜色不能是黑色的，也不能是深蓝、深褐或深绿色。对于自由操和跳马这两个低器械项目来说，男运动员可以穿短裤和袜子，也可以赤脚，主要是为了活动方便，有利于展现运动员的飒爽英姿，但是如果穿长裤，就必须穿袜子。女运动员的体操服要合身，不能过大或过小，不能暴露太多的身体部位，髋部过高或胸部过低的体操服是被禁止的。

2. 仪容礼仪

体操比赛对运动员的精神面貌有一定的要求。运动员出场时要仪容整洁美观，精神饱满，充满自信。男运动员不能留长发和胡须，染发的颜色要适当，女运动员面部可作适度化妆，可留长发或短发，如果是梳马尾辫，不宜过长，梳好的头发要用发胶固定。

3. 比赛礼仪

在比赛过程中，运动员要始终做到文明参赛。在所有体操项目比赛前，当绿灯亮或裁判长举手后，运动员要保持立正姿势并举右臂向裁判长示意，这既是对裁判的尊重，也是提醒裁判员自己已做好准备。当运动员完成一套动作之后，也要向裁判员立正示意，表示动作完毕，然后再下场。在比赛中运动员应遵守为使比赛顺利进行而制定的规定，如在比赛进行时运动员要尊重裁判，不能与教练员、裁判员或其他队员说话，未经允许运动员不得离开场地，运动员不能在比赛中调整器械高度等。

观众礼仪

（1）在比赛中，运动员完成一个比赛过程需要相对安静的环境，因此，在裁判宣布比赛开始后，观众应尽量保持安静，当运动员比赛动作结束后，观众再表达自己的情绪。值得注意的是，在体操场内，敲打乐器、大声呼叫等加油方式是与现场格调不符的，应该避免。

（2）在运动员做动作时，观众不要使用闪光灯拍照。

（3）在比赛时，裁判的主观判分对选手最终名次的确定往往起着很大作用，观众应该理解和尊重裁判员的评判。在运动员做完动作等待打分时，观众应该礼貌等待，给裁判和运动员一个安静的空间。一旦裁判打出的分数有失公正或不能达到观众的心理预期时，观众要有理智地表达自己的情绪，不可制造混乱。

游泳项目

游　泳

项目简介

现代游泳始于英国，17 世纪 60 年代流行于约克郡地区。1828 年在利物浦乔治码头修建了世界上第一个室内游泳池，1837 年成立世界上第一个游泳协会，1908 年规定游泳必须在水池内比赛。国际标准游泳池长 50 米，宽至少 21 米，深 1.80 米以上，游泳池设 8 条泳道，每条泳道宽 2.50 米，分道线由直径 5～10 厘米的单个浮标连接而成。比赛时运动员必须站在出发台上出发（仰泳除外），出发台高出水面 50～75 厘米，台面积为 50×50 厘米。1896 年游泳被列为奥运会竞赛项目时，不分泳姿，是真正的“自由式”，只有 100 米、500 米、1200 米 3 个项目，1900 年第 2 届奥运会将仰泳分出，1904 年第 3 届奥运会又分出蛙泳。1912 年第 5 届奥运会时，女子游泳被列为比赛项目。1956 年第 16 届奥运会又增加了蝶泳，从此定型为 4 种泳姿。此后的奥运会游泳比赛发展到共有自由泳、蛙泳、蝶泳、仰泳、混合泳和接力（自由泳与混合泳）6 大项 32 个小项，是仅次于田径运动的金牌大户。

游泳比赛

赛场礼仪

在国际性的游泳比赛赛场上，当裁判员入场时，赛场通常会伴有轻快的音乐，为了表示对裁判的尊重，观众应该跟着音乐的节奏鼓掌以示欢迎。比赛开始前，赛场的广播会向观众依次介绍每条泳道的运动员，当运动员听到自己的名字后应向在场的观众举手示意，观众也应用掌声给予回应。

比赛时，运动员要始终在自己的泳道内游泳，不能游出本泳道或以其他方式干扰、阻碍其他运动员。在比赛中运动员不能使用或穿戴任何有利于其速度、浮力的器具，也不允许陪游、带游，不允许速度诱导或采取任何能起速度诱导作用的办法。

对于观众来说，在比赛发令前，一定要保持安静，保证运动员可以清楚地听到发令声，待运动员入水后，再给予适当的鼓掌和欢呼。在比赛进程中，如果观众的加油助威声能与运动员肢体的摆动频率结合在一起，则会起到很好的加油效果。

对于仰泳选手来说，最怕的可能就是热情观众手里的闪光灯了。强烈的闪光会刺激选手，从而对比赛造成莫大的干扰。所以，观众不要用闪光灯来照相。

游泳馆是禁止吸烟的。因为在场馆内吸烟，烟气会融入水中，运动员吸进身体，会严重影响比赛。另外，游泳比赛场馆里气温高、湿度大，观众可以穿得清爽些，但不能赤膊观赛。

如果比赛在公开水域进行，观众要在岸边观赛，不要下水。运动员快到岸时，观众不要向前围观，以免发生危险。

花样游泳

项目简介

花样游泳是女子项目，于20世纪20年代起源于德国、英国等欧洲国家，原为游泳比赛间歇时的水中表演项目，由游泳、技巧、舞蹈和音乐编排而成，有“水中芭蕾”之称。1920年柯蒂斯将跳水和体操的翻滚动作编排成套在水中表演，创立了花样游泳。1934年在美国芝加哥万国博览会上首次举行花样游泳表演。1937年考斯特成立世界上第一家花样游泳俱乐部。1942年美国业余体育联合会确认花样游泳为正式比赛项目。1952年花样游泳被列为奥运会表演项目。1956年花样游泳得到国际游泳联合会承认。1973年举行首届世界花样游泳锦标赛。1984年花样游泳成为奥运会正式比赛项目，有单人和双人两项，1996年改为团体赛。花样游泳在面积至少12×12米，水深3米的池内进行，运动员可以在陆上开始，但必须在水中结束。比赛分规定动作和自选动作，自选动作有音乐伴奏，各动作均有难度系数。

花样游泳

赛场礼仪

花样游泳和游泳、跳水一样也是在游泳池中进行比赛的项目，和其他游泳项目相比，花样游泳的观赏性更强。运动员在水面上展示的美妙姿势，编排精美、整齐划一的动作以及运动员在水中表现出的柔韧性、持久的耐力和对身体的控制能力，配之以动听的音乐，无不给人以美的享受。观看花样游泳比赛，如同欣赏“出水芙蓉”，应该是一件赏心悦目的事情，观众千万别让自己不文明的举止破坏这美妙和谐的赛场气氛。和其他激烈的对抗比赛性质不同，看花样游泳比赛用不着高声叫好喝彩，对运动员精彩的表现用掌声表示赞赏即可。同时，欣赏这样高雅的赛事，观众最好衣着整齐，别因为游泳馆里温度高而衣冠不整。

跳　水

项目简介

跳水的起源很早，在国外出土的公元前500年的文物上就绘有人头朝下作跳水姿势的陶瓶，表明那时跳水运动已经出现。

跳水成绩的高低最初取决于跳水高度，20世纪以后发展成以技术动作的难度和美观程度来衡量水平的高低。1900年瑞典运动员在第2届奥运会上表演了跳水，1904年男子跳水出现在美国圣路易奥运会上，1912年瑞典斯德哥尔摩奥运会开始有女子跳水项目。

跳　水

根据起跳动作的方向和结构，跳水分为向前、向后、向内、反身、转体5组，每组均有规定动作和自选动作，每个动作又有不同的难度系数。根据跳水空中姿势，可以分为A（直体）、B（屈体）、C（抱膝）、D（翻腾兼转体）4种。跳水还有跳台跳水和跳板跳水之分。

1. 跳台跳水

跳台跳水在坚硬无弹性的平台上进行。跳台距水面高度分为5米、7.5米和10米3种。奥运会、世界锦标赛、世界杯赛限用10米跳台。跳台跳水根据起跳方向和动作结构分向前、向后、向内、反身、转体和臂立6组。比赛时，男子要完成4个有难度系数限制的自选动作和6个无难度系数限制的自选动作，女子要完成4个有难度系数限制的自选动作和4个无难度系数限制的自选动作。男、女跳台跳水分别于1904年和1912年被列为奥运会比赛项目。

2. 跳板跳水

跳板跳水在一端固定，另一端有弹性的板上进行。跳板离水面的高度有1米和3米两种。跳板跳水根据起跳方向和动作结构分向前、向后、向内、反身和转体5组。比赛时，男子要完成5个有难度系数限制的自选动作和6个无难度系数限制的自选动作，女子要完成5个有难度系数限制的自选动作和5个无难度系数限制的自选动作。男、女跳板跳水分别于1908年和1920年被列为奥运会比赛项目。

赛场礼仪

跳水是一秒钟的艺术，在从起跳到入水这短短的时间里，运动员要完成翻腾、转体、屈体、抱膝等多个高难度动作，稍有闪失或者入水动作不够完美都会影响成绩，而对于双人跳水来说，两个队员的同步和动作的协调一致是决定成败的关键。

观众在观看跳水比赛时，可以从四个阶段来欣赏运动员的竞技：第一阶段是走向起跳点，要求运动员走动自然、平稳，充满自信。第二阶段是起跳，要求运动员起跳果断、准确、有力。起跳时，恰当的角度非常重要。一般来说跳得愈高愈好，以便有更多时间和空间做动作。第三阶段是空中动作，要求翻腾、转体等动作准确轻快，连接好，熟练而优美。第四阶段是入水，要求入水准确，身体舒展与水面垂直，水花愈小愈好。

当运动员开始走上跳台或跳板时，表示比赛即将开始，运动员必须将全部精力集中在要完成的动作上，所以观众在这时要静静地观看，不要鼓掌，不要欢呼，更不要喊运动员的名字来为之加油，因为馆内回音比较大，嘈杂的环境会分散运动员的注意力。另外，在跳水这短短的十几秒钟内，观众最好不要拍照，如拍照一定不要使用闪光灯，因为在运动员腾空或跃起的时候，闪烁的灯光会影响运动员对高度的判断，有可能造成比赛失误。当运动员入水以后，水花溅落，观众就可以尽情地鼓掌喝彩。需要注意的是，观众不仅要为本国的运动员鼓掌，对于有精彩表现的别国运动员也应该表示真诚的赞美。由于游泳馆内的温度较高，如果冬季到游泳馆观看比赛应备用凉爽的衣物，并且注意厚重衣物的存放，夏季看比赛要注意穿戴不可太随意，避免赤身观赛。

水　球

项目简介

水球起源于19世纪60年代的英国，最初是人们游泳时在水中传掷足球的一种娱乐活动，故有“水上足球”之称，后逐渐形成两队之间的竞技运动。1869年英国出现用小旗标定边线和球门的水球比赛，1877年英格兰伯顿俱乐部聘请威尔森制定世界上第一部水球竞赛规则，1885年英国游泳协会将水球列为单独比赛项目。1890年水球首先传入美国，后又逐渐在德国、奥地利、匈牙利等国家广泛开展。1973年起举办世界水球锦标赛，1979年开始举办世界杯水球赛。

男女水球比赛场地是有所区别的。男子水球场长30米、宽20米，女子水球场长 25 米、宽 17 米。水球场水深至少 1.80 米，两端各有一个高 90 厘米、宽 3 米的球门。比赛分两队进行，每队由 7 名运动员组成，其中 1 名为守门员。每场比赛为 28 分钟，分 4 节，每节实际比赛时间为 7 分钟，每 2 节之间休息 2 分钟并交换场地。除守门员外，其他任何队员不得用双手触球。射入对方球门得 1 分，以最后得分多者为胜。

赛场礼仪

水球运动是体育项目中最累人的项目之一。比赛时运动员不得接触游泳池底和边，拿球、抢球、踢球、摔抱以及拉拽等动作基本都在水下进行，每名运动员一场比赛完后平均至少要游 5 公里的距离。所以水球运动不仅要求运动员要有游泳冠军的技巧和耐力，还要具备不亚于足球运动员的传接球和射门功夫，甚至还需要橄榄球运动员的力量。水球运动对运动员的行为也有特殊要求，如在比赛过程中运动员不能抱持、压沉、拖拉对方未持球的队员；不能踢、打对方队员；不能故意向对方脸上泼水等。

观看水球比赛，观众首先应该对水球运动的基本规则有所了解，才能在观赛时避免一些不适当的举止或言行。比如在比赛中，当进攻一方球员控球在手时，防守一方为了抢球可以将其按压入水，知道了这条规则，在防守方出现类似动作时，观众就不必惊呼“犯规”了。

赛场上，水球比赛的激烈程度丝毫不逊色于绿茵场上的足球比赛。对于比赛中出现的一些不和谐的现象，观众应该冷静对待，不要跟着起哄制造事端。此外，水球比赛的游泳馆通常比较热，观众要备好凉爽的衣物，不要衣冠不整，也不要当“膀爷”。

水上项目

赛艇和皮划艇

项目简介

赛艇起源于英国。1715 年，英国为庆祝英王加冕，首次举行赛艇比赛，1775 年英国制定赛艇竞赛规则，同年建立赛艇俱乐部。1846 年英国人在艇舷上安装了桨架，加长了桨的长度，提高了划桨效果，1847 年英国人又将重叠板的外龙骨艇改装成平滑的内龙骨艇，提高了赛艇的速度。1857 年美国人巴布科克发明滑座（一说是 1865 年比利时运动员发明），运动员划桨时能前后移动，增加腿部力量，1882 年俄国人将封闭式桨栓改为活动式桨环，提高了划桨幅度。

赛艇类似织布梭子，两头尖而窄长。艇、桨、桨架的制作材料、形状、大小，原则上没有限制，通常用铝合金或玻璃钢等材料制成。艇内装

皮划艇

有带滑轮的座板，可在两条轨道上滑动，划动时，运动员两腿蹬两臂拉。赛艇按乘坐人数、体重、有无舵手以及使用单桨还是双桨划分项目。舵手的最轻重量为男子 55 公斤，女子 50 公斤，当体重不足时，应增加相应的加重物，放在离舵手最近的地方。男子有单人双桨、双人双桨、轻量级双人双桨、双人单桨无舵手、双人单桨有舵手、四人双桨、四人单桨无舵手、轻量级四人单桨无舵手、四人单桨有舵手、八人单桨有舵手 10 个项目，女子有单人双桨、双人双桨、轻量级双人双桨、双人单桨无舵手、四人双桨有舵手、四人单桨有舵手、八人单桨有舵手 7 个项目。比赛距离男子为 2000 米，女子为 1000 米。每条航道长 2200 米，宽 15.0 ~ 12.5 米，一般设置 6 条航道，最多为 8 条航道，运动员必须在自己的航道内完成赛程，以艇首到达终点的先后顺序判定名次。男子赛艇于 1896 年被列为首届奥运会比赛项目，因浪大未举行，1900 年再度列入。女子赛艇于 1976 年被列入奥运会比赛项目。

皮划艇起源于原始人类渔猎和运输的生产实践活动。近代皮划艇与 16 世纪人们的探险和漫游欧洲北部海域有关。皮划艇有静水项目和激流项目之分，分皮艇和划艇两种。在天然或人工湖面进行的比赛，称静水项目，水面宽 90 米以上，长 2200 米，设 9 条航道，道宽 5 ~ 9 米。在水流湍急的河道进行的比赛，称激流项目。1936 年皮划艇被列为奥运会比赛项目，1938 年举行首届皮划艇锦标赛。

1. 皮艇

皮艇起源于北美洲格陵兰岛上爱斯基摩人用动物皮包在木架子上制作的兽皮船。1865 年苏格兰人麦克格雷戈仿兽皮船制作了一条长 4 米、宽 75 厘米、重 30 公斤的“诺布·诺依”号皮艇，驾艇穿越了瑞典、芬兰、德国、英国。19 世纪 90 年代皮艇运动在欧洲得到广泛开展。皮艇有舵，比赛时，运动员坐在艇内，面向前方，手持两头带桨叶的桨在艇的两侧轮流划动，依靠脚操纵舵控制航向。皮艇有单人艇、双人艇、四人艇和障碍回转项目。

2. 划艇

划艇起源于加拿大。北阿拉斯加以渔猎为生的印第安人将树干掏空，坐在里面用木棍划行，故又称独木舟。划艇两头尖，艇身短，无桨架，无舵。划桨时前腿成弓步立，后腿半跪，手持一头带有铲状桨叶的桨在固定的舷侧划水，并控制方向。划艇有单人、双人、障碍回转项目。

赛场礼仪

赛艇类比赛需要宽阔的水域，比赛场地都选在室外，观众只能在水面的两岸为运动员加油助威。赛艇比赛的关键在于节奏的掌控，所以观众最好能找准运动员的划桨节奏进行助威加油。由于比赛场地比较空旷，观众可以借助乐器或者其他的辅助工具如锣鼓等为运动员加油。

与其他比赛项目不同，在多数情况下，因为赛程的关系，观众有时是看不到运动员的，运动员也可能听不到观众的掌声和喝彩，所以赛艇类运动员和观众往往会感到很“寂寞”。这个时候，运动员要为自己、为自己的队伍而努力比赛，无论有没有观众都要一样。观众也要能自得其乐，在看不到运动员的时候，观众可以和邻座的人聊聊天，猜测一下比赛形势，哪怕只是坐在那里什么也不干，呼吸一下潮湿的空气，晒晒太阳，珍惜和大自然密切接触的机会也很好。当然，当运动员划着艇过来的时候，观众就可以尽情地为他们加油。另外，比赛水域是不允许其他人下水的，观众在观看比赛时不要下水游泳。

赛艇是一项古老而优雅的集体项目，在世界上深得男女老少喜爱。世界上著名的大学：英国的剑桥、牛津大学，美国的耶鲁、哈佛大学，澳洲的墨尔本、悉尼大学，日本的早稻田、庆应大学，我国的清华、北大、复旦、交大都有赛艇队。

赛艇比赛距离为2000米，它的编排系统非常科学，根据不同的艇数淘汰赛事有预赛、复赛、半决赛、决赛。任何一条艇都有两次机会进入决赛：预赛第一名，或者是通过复赛前名次进入。

观看赛艇比赛主要看：

运动员的动作是否整齐划一、协调自然；

桨叶出水是否轻盈、入水是否快捷；

船行走时的起伏是否流畅；

桨叶在水下的做功距离与运动员的身材是否相称；

桨频与船速度的关系。

赛艇要欣赏运动员矫健的体形，整齐划一的动作，漂亮的舟艇在水面划过的轨迹以及旋转的水涡，再加上人体所必需的阳光、空气、水三大要素，无不给以美的享受。总之赛艇运动魅力无穷，只有深谙其中之道，才会品味悠长。

赛艇比赛都在空旷的户外进行，为了保证比赛的公平，国际上主要的赛道都是人工设计修筑的。赛道周围绿化通常都很好。观众们以蓝天为顶，以大地为看台，既可以看碧水中轻盈的舟艇如离弦之箭划过航道，看运动员整齐划一的划桨动作，听舟艇撞线时的汽笛，又能亲近自然，呼吸新鲜的空气，所以看赛艇比赛就像是一次郊游，一次户外的狂欢。

赛艇比赛对观众的限制较少，可以放声呐喊、擂鼓助威。但在观看比赛前一定要做好防晒准备，如涂防晒霜、戴遮阳帽等。

赛艇比赛规则类似于径赛，但作为运用器材的水上竞速项目又有其独特之处。比赛过程中，只要不影响到别的艇，可以划到别的航道。桨手在比赛过程中落水，该艇可以继续比赛，舵手落水则该艇终止比赛。

赛艇比赛场地，通常设有一些商亭和临时餐饮点。通常，在国际比赛中，最后一天的比赛后，运动员还会在赛场自发地相互交换比赛服和纪念品。

帆　船

项目简介

现代帆船始于荷兰。1870 年美国和英国首次举行横渡大西洋的美洲杯帆船赛。帆船种类繁多，而且不断发展创新，国际帆联将各种运动帆船划分为稳向板型、龙骨型和多体型 3 种类型。稳向板型帆船在船体中部有个突出的槽安放稳向板，稳向板根据需要可上下移动，减少船体横移。此类帆船轻而快，设备较简单，易于开展活动，奥运会项目中的飞行荷兰人型、荷兰人型、470 型、星型、托纳多型等均属此类，是世界最普及的帆船。龙骨型帆船包括 5. 5 ~ 22 米长短不等的船型，其水下稳向部分是固定的，与船体为一体，船体中下部突出一块铁砣或铅砣，用以稳定船体，减少船体横移，铅砣大小和船体大小和帆面积相关，有 1 ~ 1. 8 米长，固定在船体中央。此类帆船最少由 2 ~ 3 人操纵，最多有十几人或更多人操纵。多体型帆船船体由两个船身连接在一起组成，也称双体船。

帆船比赛在海面进行，场地由 3 个浮标构成等边三角形，每段航道长度为 2 ~ 2. 5 海里。比赛为绕标航行，共进行 7 场，取其中成绩最好的 6 场之和评定总分，总分少者名次列前。由于帆船竞赛是在自然条件下进行的，直接受气象水文条件的影响，所规定的竞赛轮次可能完不成，因而帆船比赛没有绝对的纪录，只有最好成绩。1896 年帆船被列为首届奥运会比赛项目，因天气不好未举行，1900 年再次被列为奥运会比赛项目。

比赛规则

1. 名次计算

奥运会、世界帆船锦标赛和中国帆船锦标赛通常都采用奥林匹克梯形航线，奥运会运动员限额为 400 名，参赛船只为 270 条，每个国家每个项目只允许一条船参赛。

帆船竞赛共进行 11 轮（49 人级 16 轮），前 10 轮（49 人级前 15 轮）选其中最好的 9 轮（49 人级 14 轮）成绩来计算每条帆船的名次。每一轮名次的得分为：第一名得1分，第二名得2分，第三名得3分，第四名得4分，以此类推，前10名的船进入决赛。每条帆船在每一轮比赛中的名次得分相加，就是该船的总成绩。总成绩得分越少者名次越前。

2. 竞赛

国际帆船比赛规则规定，参加比赛的运动员可以自带船和帆，只要经过丈量委员会按级别规定丈量合格，均可参加比赛。

奥林匹克梯形航线有两种绕标方式，一种是外绕，一种是内绕。外绕的竞赛航线顺序是：起航—1—2—3—2—3—终点；内绕的竞赛航线顺序是：起航—1—4—1—2—3—终点。

帆船比赛根据比赛时的气象水文情况确定赛场的大小。不同级别的比赛用时不同，一般在45~90分钟。

帆船比赛主要有两种形式，一种为集体出发的船队比赛，另一种为两条船之间一对一的对抗赛。奥运会帆船比赛都是采用船队比赛的方式。

起航信号发出后，赛船的船体、船员或装备的任何部分在通向第一标的航向时，触及起航线，即算“起航”。起航信号发出前，赛船的船体、装备或船员身体的任何部分触及起航线或其延长线，均为“抢航”。抢航者要在规定的时间内按规则规定的方式返回到起航准备区重新起航。如果有较多的帆船抢航，裁判员无法辨明抢航帆船时，则全部召回该级别所有帆船，重新起航。

参赛帆船的船体、装备或运动员身体的任何部分，在按照规定的比赛航程上绕过了所有规定的标志并触及终点线时，该船即为结束比赛。

3. 信号与避让

帆船比赛的信息交流方式是展示“信号”，包括视觉信号（国际航海通用代码旗）和听觉信号（音响）两种，而且以视觉信号为主要依据。

帆船竞赛规则规定了比赛进行中的各种信号和避让办法，以免碰撞和发生事故，竞赛的帆船必须共同遵守。其中最重要的一条是公平航行，必须以高超的技术和最大的速度去赢得胜利，不允许试图用不正当的手段取胜。

在竞赛航行细则中还规定航程和绕标的方向，所有帆船必须按规定的一侧绕标，否则以未完成比赛处理。如果帆船在竞赛中犯规，则要按“竞赛规则”、“航行细则”等规定接受惩罚，然后继续比赛。

裁判船是在帆船比赛中用于组织和指挥的设施，所有的“信号”都是在裁判船上展示的。在起点船信号旗杆上升起某一个级别旗时，表示准备出发，为该级别的预告信号，离起航还有5分钟；升起“P”旗（或者I、Z和黑旗），表示离起航还有4分钟；降下“P”旗（或者I、Z和黑旗），表示离起航还有1分钟；降下级别旗并伴随一声音响信号表示起航。

帆船从5分钟准备信号开始，必须遵守竞赛航线规则和航行细则。

4. 注意事项

帆船比赛在海上进行，而海上情况比较复杂，因此，运动员必须会游泳，并能游较长的距离。此外，运动员要有良好的身体素质，以适应长时间海上风浪的考验。

国际帆船比赛经常在强风中进行，风速每秒10～15米，既要保持航向和把握航速，又要避免翻船，这就需要运动员尽力去控制帆和船，保持船的平衡。同时又要以清醒的头脑去掌握周围的环境、水的流速、流向和气流变化。

在参赛船只较多的情况下，运动员必须熟悉竞赛规则，避免犯规。此外，运动员还必须懂得检查、整理船上的装备，尤其是调整帆具，以获得最大的动力。

赛场礼仪

帆船运动是一项充满活力的运动，需要风、水、人、船四者完美结合，所以观看帆船比赛，首先欣赏的是人、船与自然的配合情况。其次，驾帆船出海是项需要消耗大量体力的运动，它对船员在艰苦环境中的耐受力要求很高，因此，运动员耐力和意志品质的表现也是观看帆船比赛的一个重要方面。

由于帆船比赛受项目特点所限一般离岸较远，观众在岸上很难看到比赛中的细节，所以不妨把到现场看比赛当做一次海滨假日之旅：在蔚蓝的大海上，林立的桅帆在阳光的映照下，会让眼前的风景更加生动，而运动员驭风破浪的矫健身姿也会给人运动之美的愉悦享受。观众们可以很放松地在岸边看比赛，肉眼看不到的细节往往也可以通过场边的大屏幕来弥补。观看比赛时，还可以带上国旗，当队员靠近时可以放声呐喊为他们助威。在一些比赛中，比赛场地设置会尽量靠近岸边，灵巧的帆板有时还会安排岸边出发，岸边冲终点，那时千帆竞发的场面将是比赛不容错过的看点。

全能项目

现代五项

项目简介

现代五项由现代奥林匹克运动奠基人顾拜旦倡导。项目设计模仿拿破仑时代信使穿越战场所经历的活动：先骑马穿越村庄，游过一条挡住去路的河，上岸后又使用剑和手枪与遭遇的敌人搏斗，最后跑过田野完成任务。1911年国际奥委会瑞典委员巴尔克建议设立符合军队特点的比赛项目，故在1912年将现代五项作为唯一的军事项目列入奥运会比赛，但仅限军队中的军官参加，1949年国际奥委会取消这一限制。现代五项比赛包括射击、击剑、游泳、马术、越野跑5个项目。

击　剑

击剑：在这个项目中，每位参赛者都要与其他参赛者交手，相当于重剑比赛，但与奥运重剑比赛规则最重要的区别是每回合只有1分钟，胜者是第一个击中的人，如果两人都未击中，则双双输掉。如果参赛者在0.04秒中互相击中，则记一个双中，双方均不得分。参赛者必须在听到“停”的命令时停止击剑，在这个命令之后不得重新开始，但在此命令之前的任何行为都是有效的。击剑的规定积分是1000分，但起码要赢得所有回合的70%，高于或低于这个比率，按930/X增加或减少击剑手的得分，X是他（她）参加击剑比赛的回合数。

比赛期间的危险动作、越过界线以及其他犯规将得到罚分。击剑手背对对手要罚掉10分，击中任何东西罚10分，除非对手得一击（a hit）。双脚越过界线罚“1公尺”（1公尺=0.999米），为避击中有意越线在警告一次后罚10分，暴力或危险动作在警告一次后罚10分，直至取消比赛资格。

游　泳

游泳：游泳采用的是200米自由泳。在先前进行的项目中运动员已经热身，只是游泳的记分与奥运游泳比赛明显不同，不是运动员之间相互比谁游得快，而是要按时间来记分。男子2分30秒相当于1000积分，女子是2分40秒记1000分。每超过或少于前述时间的1秒，运动员的积分将减少或增加10分。例如，如果一位男子运动员游了2分35秒，他的得分为950分。在进行游泳项目时，任何两次起跳犯规或折翻时未触及池壁的运动员将被扣罚40分。

马术：游泳比赛完成后，根据积分将参赛运动员分成两组。运动员可随意挑选马匹参加马术比赛，位居第一的运动员和位居第九的运动员骑同

骑 术

一匹马，位居第二位和第十位的运动员骑同一匹马，位居第三位和第十一位的骑同一匹马，以此类推。每位参赛者有 20 分钟的热身时间，以使自己适应并熟悉马匹。

马术在一个 250～450 公尺的场地上进行，要骑马跳跃 12 个障碍，包括一次双跳、一次三跳，可能还有一次涉水跳，参赛运动员按照积分顺序进行比赛。运动员必须在规定的时间内完成比赛，规定的时间主要取决于场地的大小，按每 350 公尺 1 分钟计算，故时限一般在 1 分钟至 1 分 18 秒钟之间。

每位运动员开始比赛时的积分为 1100 分，每次罚分将减少积分。罚分包括超过时限，超时每秒钟罚 1 分；跳跃时踢掉障碍物的任何部分罚 30 分；骑手的马儿在涉水跳跃时，踩在两边任何一边的水中罚 30 分；马儿摔倒或马儿拒绝听从骑手的指令罚 60 分；马儿拒绝跳跃或从场地上绕开罚 40 分。

骑手从马背上落下或与座骑分离是犯规行为。座骑双肩以及四肢着地视为座骑摔倒。不论座骑还是骑手，两次落地将被取消比赛资格。如果座骑三次拒绝跳跃一个障碍物，骑手必须命座骑跨越下一个障碍物。踢掉一面旗帜要受罚，除非是发生在座骑不听从命令时。参赛运动员在骑行开始前要步行察看场地。

越野跑

越野跑：在这个项目开始前，积分领先者与其他每个运动员之间的积分差距被换算成秒。领先者先跑，其他每位运动员以他（她）需要追赶其领先者的时间差距（秒），随后起跑，差多少秒就在其领先者起跑多少秒后起跑。第一位冲过终点线的运动员获得金牌，第二名获得银牌，第三名获得铜牌。

奥运会的现代五项比赛分个人和团体两类。个人赛是以单项得分的总和计算个人成绩，得分多者名次列前，男女个人赛分别于 1912 年和 2000 年被列为奥运会比赛项项目；团体赛以各队 4 名成绩最好的运动员计算团体总分，总分多者名次列前，男子团体赛于 1952 年被列为奥运会比赛项目。

铁人三项

项目简介

铁人三项起源于美国，1974 年 2 月 17 日，一群体育爱好者聚集在夏威夷的一家酒吧里争论当地举办的渡海游泳赛、环岛自行车赛及檀香山马拉松赛哪个项目最有刺激性、挑战性，最能考验人的意志和体能。美国海军中校科林斯提出，谁能在一天内先在海里游 3.8 公里，然后乘自行车环岛骑行 180 公里，再跑完 42.195 公里的马拉松全程，中途不得停留，谁就是真正的铁人，科林斯的想法得到大家的支持。第二天，有 15 人参加比赛，其中还有 1 位女选手，结果有 14 人赛完全程。第一名的成绩是 11 小时 46 分，该次比赛后被追认为首届世界铁人三项锦标赛。铁人三项最初仅在夏威夷和加利福尼亚流行，后逐渐在澳大利亚、新西兰、西班牙、法国、英国、日本、中国等国家广泛开展。铁人三项有 3 种不同距离的比赛。夏威夷铁人三项锦标赛：游泳 3.8 公里，自行车 180 公里，马拉松 42.195 公里。尼斯世界铁人三项锦标赛：游泳 3.04 公里，自行车 120 公里，长跑 29.44 公里。世界铁人三项锦标赛：游泳 1.5 公里，自行车 40 公里，长跑 10 公里，这也是铁人三项比赛的标准距离，按游泳、自行车、长跑的顺序进行。2000 年悉尼奥运会首次将铁人三项列为奥运会比赛项目，比赛由 1.5 公里游泳、40 公里自行车和 10 公里的长跑组成。

赛场礼仪

铁人三项赛和其他运动项目相比，比赛场地比较开放，活动范围广泛，运动员和观众基本都是在室外比赛和观看的。铁人三项是一项考验运动员体力和意志的运动，运动员要以良好的作风完成以下比赛：

1. 游泳

游泳是铁人三项赛中的第一项，运动员可以用自己喜欢的任何姿势游泳。游泳赛段必须戴游泳帽，允许使用泳镜和鼻夹，但不允许使用帮助游泳的器材，运动员在换项区域内不能阻止其他的运动员，或者侵占他人的竞赛设备。

2. 自行车

从水里上岸后，运动员要马上转入自行车的赛程。运动员的自行车必须存放在大会指定的区域里。在自行车赛段中，整个赛程必须骑自行车完成。如果车胎出了问题，运动员可以带车跑到换胎站换胎。

3. 长跑

长跑是最后一个赛段。运动员在长跑赛段中必须穿鞋（自行车赛段中不是必须的）和运动服。由于体力消耗大多过半，这一赛段对运动员来说是极其艰苦的。

在铁人三项比赛期间，往往有成千上万人现场围观。对于观众来说，在观看比赛时最重要的自我要求就是不要和运动员发生接触，如在比赛中，观众绝对不可以给运动员递水，如果发生这种情况，运动员将被取消比赛资格，运动员需要水时会到组委会准备的饮水点去取。另外，在观看游泳项目时，观众不要到运动员比赛的水中去游泳；在自行车比赛中，观众不要横穿赛道，如果观众想要观看全程比赛，需要准备好交通工具，但一定要确保交通工具不能进入赛道。在比赛中，运动员从游泳到自行车或者从自行车换到长跑的地方是换项区域，运动员在换项区域所用的时间往往至关重要，所以在换项区域的观众要规范自己的言行，不要干扰运动员换项。

冰雪项目

滑　雪

项目简介

滑雪是一项既浪漫又刺激的体育运动。滑雪是运动员把滑雪板装在靴底上在雪地里进行速度、跳跃和滑降的竞赛运动。滑雪板用木材、金属材料和塑料混合制成。滑雪竞赛主要有两种：高山滑雪和北欧滑雪。高山滑雪由滑降、小回转和大回转（障碍滑雪）组成。北欧滑雪（比赛）包括个人越野滑雪赛、男子接力赛和女子接力赛。此外还有跳台滑雪赛，以及北欧混合项目比赛，包括越野赛和跳台赛。SKI（滑雪）是一个挪威词，意思是雪鞋。

滑雪运动基本的含义是指人们成站立姿态，手持滑雪杖、足踏滑雪板在雪面上滑行的运动。“立”、“板”、“雪”、“滑”是滑雪运动的关键要素。

滑　雪

滑雪运动从历史沿革角度可划分为古代滑雪、近代滑雪、现代滑雪；从滑行的条件和参与的目的可分为实用类滑雪、竞技类滑雪和旅游类（娱乐、健身）滑雪。实用滑雪用于林业、边防、狩猎、交通等领域，现已多被机械设备所替代，逐渐失去昔日的应用价值。竞技滑雪是将滑雪升华为在特定的环境条件下，运用比赛的功能，达到竞赛的目的。旅游（娱乐、健身）滑雪是适应现代人们生活、文化需求而发展起来的大众性滑雪。

以上三类滑雪运动，从其所要求的器材、场地、设备及运动技术的形式来看，要达到的目的虽基本雷同，但作用和其他一些方面还是有很大差异。下面重点谈谈竞技滑雪和旅游滑雪的特色。

滑雪运动（特别是现代竞技滑雪）发展到当今，项目不断增多，领域不断扩展，目前世界比赛正规的大项目分为：高山滑雪、北欧滑雪（越野滑雪、跳台滑雪）、自由式滑雪、冬季两项滑雪、雪上滑板滑雪等，每大项又分众多小项，全国比赛、冬奥会中几十枚耀眼的金牌激励人们去拼搏、去分享。纯竞技滑雪具有鲜明的竞争性、专项性，相关条件要求严格，非一般人所能具备和适应。旅游滑雪是出于娱乐、健身的目的，受人为因素制约程度很轻，男女老幼均可在雪场上轻松、愉快地滑行，饱享滑雪运动的无穷乐趣。由于高山滑雪具有惊险、优美、自如而且动感强、魅力大、可参与面广的特点，故高山滑雪被人们视为滑雪运动的精华和象征，更是旅游滑雪的首选和主体项目。通常情况下，评估人们滑雪技术水平的高低，多以高山滑雪为尺度。

近期出现的旅游滑雪项目还有单板滑雪、超短板滑雪、越野滑雪等。其中越野滑雪是在低山丘陵地带（平地、下坡、上坡各约占1/3）长距离滑行，虽然远不如高山滑雪的乐趣和魅力，但从安全和健身角度而言，更具有广泛的参与性。超短板滑雪、单板滑雪（双脚同踏一只宽大的雪板）比高山滑雪更具有刺激性，技术更灵活，在中国尚未普遍开展。

高山滑雪的规范竞赛项目有：滑降、超级大回转、大回转、回转、全能等。高山滑雪的技术种类很多，如不同的滑降技术，多变的转弯技术，应急的加速、减速、停止技术，惊险的跳跃技术及特殊技术等。一般初学者应根据自身的体育素质、年龄、滑雪基础、场地条件，可投入的时间等因素，选取滑雪入门的最优方案。初学者切忌：求急、随意、莽撞，因滑雪运动是在滑动中操纵技术，重心不易控制，易形成错误动作，故应在入门的第一天起，就应在专业技术人员严格指导下，在姿势、要领、动作方面做到三正确，从练习基本动作起步，扎实掌握技术功底，为以后的提高奠定基础。要高度认识到滑雪错误的姿势和技术一旦形成，极难纠正，会留下深深的遗憾。

赛场礼仪

滑雪是一项惊心动魄的体育运动，它既是人对自然的挑战，也是人与自然的和谐共处。在冰天雪地的银色世界里，运动员借助雪橇与滑板做着各种优美的动作，本身就是一种艺术，具有很强的观赏性。由于滑雪是运动员借助器械在雪地上高速滑行，具有某种程度的不可控制性，为了倡导安全，防止事故发生，运动员与观众一定要遵守赛场规则和礼仪。

(1) 运动员要为他人着想。运动员滑雪时心中要有他人，不要把滑雪道上的任何一个滑雪者置于危险或是损伤的境地。

(2) 运动员要控制速度和动作。运动员必须使自己的速度和动作与自身的能力相称，也要与当时的天气条件、地形状况和雪质相适应。

(3) 运动员要选择正确线路。运动员如果正从后面接近其他滑雪者，必须另外选择一条滑行线路，以免危及前面滑雪者的安全。

(4) 运动员超越他人要适当。运动员可能在山上侧或是山下侧，也可能在左侧或是右侧超过另外一个滑雪者，但是必须为被超运动员的滑行留下足够的空间，前面的滑雪者通常拥有使用滑雪道的优先权。

(5) 观众观看滑雪比赛要充分享受比赛的全过程，为运动员出众的技巧、如风的速度、挑战自然的毅力和勇气喝彩。

(6) 观众在看比赛时不要冲出围栏或者警戒线，不要往赛道上丢任何物品，以免发生危险或者影响运动员比赛。

(7) 观众最好做好保暖措施，尤其是脚部的保暖。情况允许的话，最好要戴上墨色眼镜。

(8) 观众要保护环境，废弃物一定要随身带走，不给美丽的雪峰留下污迹。

滑　冰

项目简介

滑冰（skating)，亦称“冰嬉”，很多人认为，滑冰是从外国传来的“洋玩意”，事实上，早在八九百年以前，我国就已经有了滑冰运动，不过，那时不叫滑冰，而称之为“冰嬉”。

滑冰比赛

《宋史》记载，皇帝“幸后苑，观冰嬉”。这项冰嬉运动延续了几个朝代而经久不衰，到了清朝已经成了民间普遍的文体娱乐活动。

根据乾隆年间出版的《帝京岁时纪胜》记载："冰上滑擦者所著之履，皆有铁齿。流行冰上，如星驰电掣，争先夺标取胜。"这就是现在的速滑比赛。该书《礼笺》也记述了"冰上蹴鞠，皇帝亦观之，盖尚武也"。鞠，即球。蹴鞠即踢球。

在人类的上古时代，北欧的游牧民族就已经利用动物骨骼从事滑冰活动；后来经芬兰游牧民族传入瑞典、丹麦、荷兰等地，滑冰运动才与人类发生关系，大约在 13 世纪左右的英国滑冰运动就已经非常盛行。在 19 世纪末滑冰运动传入中国。滑冰运动分为速度滑冰和花样滑冰两种。北京一向是冬季运动开展较好的地区，从旧时"三海"（北京城内北海，中海，南海）流传下来的民间冰面休闲就已经融入北京人的生活，被赋予了一定意义上的人文内涵。

滑冰运动不仅能够锻炼增强人体的平衡能力、协调能力以及身体的柔韧性，同时还可增强人的心肺功能，提高有氧运动能力。它能够有效地锻炼下肢力量，十分适合开车族，还有很好的减肥效果。对于青少年来说，滑冰有助于小脑发育。穿上冰刀在冰面上尽情奔驰，豪情一番，不仅放松心情，更获得融入自然的乐趣。

赛场礼仪

滑冰是技巧性与艺术性高度结合的冰上运动项目，具有灵动与优雅之美。然而，这种冰上之美在很大程度上是建立在运动员和观众良好的礼仪规范基础上的，否则冰场上不但没有美感，还会失去秩序或发生事故。

对于速度滑冰来说，运动员要时刻有尊重他人的意识，不能用身体任何部位阻挡或推撞他人。在超越他人时，必须保证被超越者正常滑行，不能发生阻碍或碰撞；在减速时，不能造成其他运动员减速或发生碰撞。运动员不得有意影响他人（如不正常地横穿跑道），也不得与其他运动员串通影响比赛的真实成绩。花样滑冰是唯一有音乐伴奏的冬季体育项目，运动员要用想象力、艺术表现力以及运动技术来展示冰上运动的美。所以在比赛时，花样滑冰运动员要穿着得体，肢体动作舒展大方而不能低俗。

滑冰比赛是人们喜欢观看的体育项目，特别是花样滑冰赛往往能吸引大量观众。观众在欣赏时要积极配合运动员的表现，以共同营造和谐温馨的赛场氛围。

（1）最好提前入场。花样滑冰与很多其他体育比赛项目一样，要求观众在赛前或比赛间隙时入场。一般来说，如果时间允许，观众最好提前进入观众席，如果观众要在比赛中入场，则要等待场上的选手结束比赛后再入场。

（2）不要随便走动。观众不要在比赛的过程中随意走动，以免影响冰上选手的发挥。观众可以在冰场浇冰时或在选手比赛前作热身练习时起身活动。

（3）禁用闪光灯。在观看冰上比赛项目时，观众绝对不能使用闪光灯照相。冰上项目的场地一般都较小，运动员和观众相距也较近，如果观众在运动员比赛时打开闪光灯拍照，会很容易闪到运动员的眼睛而影响运动员的发挥，甚至导致动作失误，对比赛造成干扰和破坏。在花样滑冰比赛中，运动员经常会做一些高难度的动作，比如双人滑中的抛接等动作，如果选手正在做这些难度动作时被看台上的闪光灯晃了眼，就很有可能发生危险。

（4）适时喝彩。观看短道速滑比赛，当裁判员召集运动员在起跑线上准备出发时，观众应保持安静，因为短道速滑的出发非常重要，运动员此时精神高度紧张，场上噪声会影响他们对发令枪的反应。在起跑线附近就座的观众除了不要出声外，也不要站起身来，以免影响裁判的视线和计时。在比赛过程中，运动员可能会摔倒，这时候观众表示关注是可以的，但千万不要鼓倒掌。如果摔倒的运动员迅速站起来继续比赛，观众则要给以掌声鼓励。在花样滑冰比赛中，选手的表现若臻于完美，观众可以起立鼓掌欢呼，但喇叭、锣鼓之类的狂躁是不适宜出现在优雅的花滑赛场上的。

（5）慎投小礼物。在一位选手比赛结束后，喜爱该选手的观众向场内抛掷小礼物是花样滑冰比赛的惯例，也成了一种习俗。毛绒玩具由于轻便、柔软，不损伤冰面，又童趣可爱，往往成为首选小礼物。无论是鲜花还是毛绒玩具，在抛掷前都应经过严密的包装，否则散落在冰面上的花瓣和绒毛会给下一位比赛的选手带来不可预见的危险。另外，观众要到场边近距离抛掷小礼物，或由工作人员转交选手，不要在观众席上远抛。值得注意的是，在比赛过程中，观众不要向冰面上扔掷任何东西。

冰　球

项目简介

冰球又称冰上曲棍球。19 世纪中叶，加拿大安大略省的金斯顿地区流行脚穿冰鞋，手持曲棍，在冰面上追、运、击打圆球的游戏，这种游戏后来发展成冰球运动。

1855 年 12 月 25 日在金斯顿举行首次冰球比赛，1879 年加拿大麦克吉尔大学的罗伯逊和史密斯共同制定了比赛规则，规定每队比赛人数为 9 人。1890 年加拿大成立安大略冰球协会，这是世界上第一个冰球协会组织，1902 年欧洲第一个冰球俱乐部在瑞士的莱萨旺成立。1910 年举行

冰球比赛

第一届欧洲冰球锦标赛。1912 年加拿大国家冰球协会首创 6 人制打法，并被国际冰联沿用至今。

冰球场长 61 米，宽 30 米，四周有高 1.15 ~ 1.22 米的界墙，球门高 1.22 米，宽 1.83 米。冰球分两队比赛，每队可报 20 名运动员，比赛时上场 6 名队员。全场比赛为 60 分钟，分 3 局进行，中间休息 15 分钟，以进球数多者为胜。

女子冰球始于 19 世纪 60 年代，1990 年起举行世界女子冰球锦标赛。男子冰球于 1920 年被列为奥运会比赛项目，后将该届奥运会冰球赛追认为首届世界冰球锦标赛。女子冰球于 1998 年被列为冬奥会比赛项目。

赛场礼仪

冰球运动是一项激动人心的运动项目。运动员在攻防战术转换上要求推进速度快，回防积极、迅速。由于运动员在争夺、推进、防守、冲刺的整体运动过程中允许合理的身体碰撞，使得这一比赛项目的现场气氛相当激烈。不过在频繁的身体碰撞中，运动员不能举杆过肩或用球杆戳打他人。

在比赛中，冰球选手穿着厚实而笨重，他们除了一次又一次的身体激烈碰撞外，还经常在冰场上“打架”。“打架”是冰球的一部分，观众也喜欢看。但选手们“打架”时必须放下手中的器具，赤手格斗，此时裁判员会把球杆、帽子、手套等踢开，给队员创造良好的“打架”环境。

观看冰球比赛，一定要掌握一个原则：透过现象看本质。选手们在赛场上冲撞或“打架”固然激烈精彩，但观众从中欣赏的应该是队员们风一样的速度以及突破障碍的智慧和勇气。

冰球是一项充满激情的运动，观众在观赛时并没有太多禁忌，但还是需要注意一些细节。比如拍照绝不能用闪光灯，因为在冰球场地上，闪光灯更容易晃到运动员的眼睛。冰球比赛中打架频繁，观众在运动员打架时不要喝倒彩，不要煽动队员情绪，不然会使场上的局面更难以控制。另外，冰球击中观众的事情偶有发生，所以观赛时还要注意安全。

花样滑冰

项目简介

滑冰是（运动员）穿上靴底装有长而薄的金属刀片的冰鞋（靴），

靠自身力量在冰上滑行的一项运动。花样滑冰，有男子单人滑、女子单人滑和男女双人滑，冰上舞蹈只有双人滑。比赛在室内进行。

冰上舞蹈基本上是舞厅跳舞的“移植”。男女舞伴合作完成传统舞蹈，如华尔兹，狐步舞，探戈等舞蹈动作。花样滑冰的双人滑动作丰富多彩，包括许多十分复杂的托举和抛接动作，特别是在自由滑中，有更多独特和创造性的表演。在单人比赛中，有许多机会表现出各种高难度动作，甚至各种旋转，各种跳跃转体和燕式平衡动作。

世界性滑冰运动的管理机构国际滑冰联盟，成立于1892年。花样滑冰是取得参加冬季奥运会资格的第一个冬季运动项目。花样滑冰和冰上舞蹈在1924年法国沙莫尼举行的第一届冬季奥运会上，都成为奥运会的正式项目。

单人滑

滑冰运动在世界上居领先地位的国家有美国、加拿大和俄罗斯。滑冰运动要求运动员具有力量、耐力、速度、协调、柔韧、灵活、平衡、优美、稳定等素质。

花样滑冰分类

1. 单人滑

单人滑分男子单人滑和女子单人滑。比赛按短节目和自由滑的顺序进行，第一天短节目，第二天自由滑。①短节目：运动员必须在2分40秒的规定时间内完成一套由跳跃、旋转、联合跳跃、联合旋转共8个动作和连接步编排而成的节目。裁判员首先根据运动员完成动作的质量、难度评定规定动作分，然后根据内容编排的均衡性、音乐的一致性，以及速度、姿势、音乐特点表达等评定表演分。每项满分均为6分，两项分数相加之和为运动员得分。得分多者名次列前。②自由滑：运动员自选音乐，男子在规定的4分30秒，女子在规定的4分钟内完成一套编排均衡，由跳跃、旋转、步法以及各种姿势组成的滑行动作。裁判员根据运动员动作的难度、数量、质量以及内容编排、音乐配合、姿态、表情、独创性、场地利用等评定技术水平分和表演分。

其评分和确定名次的方法同短节目。

2. 双人滑

由一男一女配对参赛。比赛按双人短节目和双人自由滑的顺序进行，第一天双人短节目，第二天双人自由滑。①双人短节目：运动员自选音乐，在2分40秒的规定时间内完成一套双人短节目规定动作，每个动作只允许做一次，附加动作扣分。裁判员根据运动员完成动作的质量、完成情况以及内容的编排、音乐的配合等评定规定动作分和表演分。②双人自由滑：运动员自选音乐，在规定的4分30秒钟内完成一套自编动作。裁判员根据运动员完成动作的难度、质量、动作编排、音乐配合，以及姿态、表情、独创性、场地利用等评定技术水平分和表演分。其评分和确定名次的方法同单人滑。

双人滑

3. 冰上舞蹈

起源于花样滑冰，始于20世纪30年代的英国。偏重舞步，强调用动作表达音乐。1937年英国举办首届冰上舞蹈锦标赛，1949年起被列为单独比赛项目，由一男一女配对参赛。比赛按规定舞、创编舞和自由舞的顺序进行，第一天规定舞，第二天创编舞，第三天自由舞。①规定舞：根据规定的音乐、图案、步法和重复次数完成动作。规定舞共有22套，国际滑冰联盟用抽签方法确定2套作为下年度的比赛项目。裁判员根据运动员完成动作的质量和姿势评定技术分和表演分。②创编舞：又称定型舞。运动员按规定的韵律自选音乐，在规定的时间内完成一套自编的舞蹈步法和图案，裁判员根据运动员完成的动作情况评定编排分和表演分。③自由舞：运动员自选音乐，在规定的4分钟内完成由各种步法、托举、小跳、姿势、握法等动作组成的自编舞蹈，裁判员根据运动员完成动作的质量、风格和创新等评定技术分和艺术印象分。冰上舞蹈的评分和确定名次的方法同单人滑。

观赛礼仪

（1）花样滑冰是具有艺术气质而又高雅的体育运动，请尽量着正装观看比赛，得体的服装会与庄重的体坛盛事和谐统一，相得益彰。

（2）请最好提前到达观众席，可以观看到选手热身训练中亮出的拿手动作。运动员在比赛前，会按规定抽签分成小组比赛，每个小组有6分钟的热身时间，同时也是表现自己的时间，选手往往轮流在冰场中央拿出自己的一些拿手动作或者精彩的结束动作造型，力图给裁判和观众留下深刻的印象，所以也是集合最多精彩瞬间的一段“金色时间”。

(3) 运动员已经入场和比赛正式开始后，请安静下来。这样能让选手尽快进入比赛状态，如果迟到了，请不要在运动员正在进行比赛的时候去找座位，可以等待这位选手比赛结束以后再入座，因为您的走动可能会影响当时冰上选手的发挥。

(4) 当运动员失误摔倒以后再起来继续表演，观众给予掌声是给运动员很好的支持。

(5) 只要运动员有感动您的表演，请发自内心地为他们喝彩。起立鼓掌对选手来说是至高的荣誉，在欣赏选手的表演中是不分区域、国籍和种族的。

(6) 在您喜爱的选手比赛结束以后，可以向冰面抛掷毛绒玩具、礼物和鲜花，这是花样滑冰比赛的惯例，也成了一种习俗。不过鲜花和礼物都应该用透明的包装纸包装严密，不要让花瓣散落在冰面上，礼物最好是柔软的，这样不会破坏冰面，所以毛绒玩具往往是礼物的首选。

(7) 一定不要使用闪光灯拍照，以免给运动员造成影响或伤害。由于选手在冰面上滑行跳跃旋转的速度很快，只有专业的体育摄影师，才能捕捉到一些精彩的瞬间，而普通观众是很难拍摄到选手漂亮的比赛画面的。

(8) 当运动员在“等分区”等待分数，给您做表情或打招呼时，请给予回应，对现场慢放录像中的精彩动作请给予掌声。

其他项目

自行车

项目简介

自行车起源于欧洲。1868 年 5 月 31 日，在法国圣克劳德公园举行了自行车比赛，这是有记载的最早的

自行车比赛

自行车比赛，1893 年举行首届世界业余自行车锦标赛，1895 年举行首届世界职业自行车锦标赛。1896 年自行车比赛被列入奥运会比赛项目。奥运会自行车比赛分场地赛、公路赛和越野赛 3 大类。

1. 场地赛

比赛在赛车场进行，赛车场为椭

圆盆形，跑道用硬木、水泥或沥青筑造，跑道周长分 400 米、250 米和 333.33 米，其中 333.33 米为国际标准场地，跑道宽 5 ~ 9 米，弯道坡度 25 ~ 45 度。比赛所用自行车应为死飞轮，不得安装变速装置和车闸。奥运会比赛项目有追逐赛、计时赛、计分赛和争先赛。

追逐赛分个人和团体项目。个人追逐赛出发时，两名运动员分别位于跑道正中的起、终点线上，枪响同时出发，互相追逐。在规定的距离内，如后面的运动员追上前面的运动员或与之并排，被追上或并排者淘汰；未被追上，则以到达终点的时间决定胜负，获胜者参加下一轮比赛。团体追逐赛每队 4 名运动员参加，比赛时，运动员之间保持 1 米左右的距离，呈梯形队站立，枪响同时出发。如一队的第三名运动员追上另一队的第三名运动员或与之并排，被追上或并列的队淘汰；如未追上，则以各队第三名运动员到达终点的成绩判定名次，每队必须有 3 名运动员到达终点方可计算成绩。现奥运会比赛项目有男子 4000 米个人追逐赛（1964 年列入）、4000 米团体追逐赛（1920 年列入），女子 3000 米个人追逐赛（1992 年列入）。

计时赛于 1889 年由彼德莱设计，以运动员到达终点的时间排列名次。比赛时运动员在同一起点单个原地出发，抽签决定出发顺序。出发犯规延后 5 人重新出发，再次犯规取消比赛资格。以每名运动员到达终点的成绩判定名次，优者列前，如成绩相等，则名次并列。奥运会仅设男子 1000 米计时赛（1928 年列入）。

计分赛又称积分赛，比赛前先抽签排列顺序，指定一名领骑者。比赛时由领骑者领骑一圈，到达起点线时，发令员鸣枪，比赛正式开始，每十圈录取前四名计分，第一名得 5 分，第二名得 3 分，第三名得 2 分，第四名得 1 分，最后冲刺计分加倍，以运动员比赛中的总得分排列名次。奥运会仅设男子 40 公里个人计分赛（1984 年列入），女子 40 公里个人计分赛（1996 年列入）。

争先赛又称速度赛。一般排定 2 ~ 4 名运动员同时原地出发，计最后 200 米的时间，首先通过终点者为胜。男、女 1000 米争先赛分别于 1920 年和 1992 年被列为奥运会比赛项目。

2. 公路赛

比赛在有各种地形变化的公路上举行，奥运会设有公路个人赛和公路团体赛。

公路个人赛的场地为环行或往返路线，路面有起伏和斜坡，起、终点应尽可能设在同一地点。男子赛程 234 公里，女子为 126 公里。比赛时所有运动员位于起点线集体出发，以运动员到达终点的顺序排列名次。男、女个人赛分别于 1896 年和 1984

年被列为奥运会比赛项目。

公路团体赛的场地比较平坦，途中设转折点，起、终点在同一地点。每队 4 人，在起点线成横排出发，队与队之间的出发间隔为 2～3 分钟，每队必须有 3 名运动员到达终点，并以第三名运动员到达终点的成绩判定名次，如成绩相等，则以该队第一名到达终点的成绩判定名次。奥运会仅设男子团体赛（1912 年列入）。

3. 越野赛

20 世纪 50 年代，一些自行车运动员厌倦了在现代化公路上枯燥的训练和比赛，他们到丘陵地带寻找新的环境、新的挑战，于是一种全新的运动方式——自行车越野赛产生了。比赛时，各队骑山地车，从左至右排成一路纵队集体出发，在崎岖不平、有天然障碍（或人工设置障碍）的路面上比赛，以到达终点的时间判定名次。越野赛男子赛程 40～50 公里，女子赛程 30～40 公里。男、女个人越野赛均于 1996 年被列为奥运会比赛项目。

赛场礼仪

由于自行车比赛本身的特点，运动员在比赛时要遵守相应的赛场礼仪：运动员必须戴头盔文明参赛，比赛中不能有非道德体育行为，如故意用手触及、追、推其他队员（如果车手感觉因推挤或阻挡而处于不利位置，必须以书面形式向组织者提交抗议）；不能短距离尾随机动车辆或乘坐机动车辆；不能终点冲刺曲线骑行和阻止他人骑行；不能在饮食区外取食品等。

自行车比赛是赛场上异彩纷呈的一项赛事，表现在从比赛场地到比赛形式乃至判定比赛胜负的方式都各不相同。如场地追逐赛是参赛运动员之间的直接角逐，场地计时赛是运动员与时间的赛跑，而自行车越野赛则是运动员与对手、与自然环境的竞争。比赛过程中，既有依靠战术取胜的争先赛和计分赛，也有完全凭借个人体能实力获胜的越野赛和公路赛等等。观众可以根据自己的喜欢程度来选择观看，在观看时要注意以下礼仪：

（1）在观看场地赛时，观众要尽量提前到场并落座，不要打任何标语、横幅。在比赛开始时要保持安静，以便运动员能听到裁判的提示，在比赛的进程中，可以为运动员加油助威。

（2）观看公路赛时，观众绝对不要冲进赛道。因为在自行车比赛场地上不仅有快速行驶的自行车，还有各种宣传广告车、警车、裁判车等诸多机动车，如果观众突然冲进赛道，不仅会阻挡运动员去路，影响运动员的比赛成绩，而且会给自身带来危险。带儿童观赛的父母要注意看管好自己的小孩。

（3）观看越野赛时，观众不要给选手帮倒忙。在选手爬坡或是自行车出现故障时，是不需要观众帮助的。因为越野赛考验的是选手与自然作战的能力，任何外力的帮助都会使选手的比赛资格被取消。

马 术

项目简介

马术的起源很早，在公元前680年的古代奥运会就设有马术比赛。中

马术比赛

国的马术也具有悠久的历史，兴于周代，盛于唐代。现代马术运动始于欧洲。1734年在美国弗吉尼亚成立查尔列斯顿马术俱乐部，这是世界最早的马术俱乐部。1900年第2届奥运会上，马术被列为比赛项目，内容包括障碍赛、跳高和跳远比赛。1912年第5届奥运会开始把三日赛、障碍赛、花样骑术赛3项列为比赛项目。1953年首次举办世界场地障碍马术锦标赛，1966年起举办花样骑术锦标赛。

1. 花样骑术

花样骑术又称盛装舞步骑术赛，被形容为马的芭蕾表演。比赛时，马和骑手要在长60米、宽20米的场地上在规定时间内完成行进、疾走和慢跑等规定动作和自选动作，以展现马匹的灵活性、马匹和骑师的协调性以及马匹对骑师的驯服程度。比赛结果按骑手完成动作的姿势、风度、难度等技巧和艺术水平进行评分，得分高者名次列前。

2. 障碍赛

障碍赛是人、马相互配合，通过一条设有障碍物路线的比赛。比赛主要测定过障碍时骑手的骑术水平、马的轻松自如以及马匹在跳跃时的力量、技能和顺从。障碍赛场地至少2500平方米，场中设置10多个高1.40～1.70米的障碍，运动员骑马必须按规定的路线、顺序跳越全部障碍，超过规定时间、马匹拒跳以及运动员从马上跌落等都要罚分。罚分以负分计算，最好成绩为零分，罚分少者名次列前。奥运会有个人（1900年列入）和团体（1912年列入）两个项目。

3. 三日赛

三日赛又称综合全能马术赛。骑手在三日内连续参加3项比赛，第一

天为花样骑术，第二天为越野赛，第三天为障碍赛，以 3 项总分评定名次。三日赛分个人和团体两个项目，1912 年被列为奥运会比赛项目。

赛场礼仪

马术是一项很绅士的运动。马术的赛场环境要求宁静优雅，骑手的骑术要潇洒高贵，在整个骑乘过程中，骑手与马要完全融为一体，以展现马术的协调与奔放之美。马术运动很强调精神和礼仪，无论是骑手还是观众，都要求有绅士风范。

（1）在所有的马术项目比赛中，骑手都必须盛装。比赛时，骑手须穿燕尾服、戴高帽子，在障碍赛时，要戴安全帽。男选手必须穿白马裤，女选手穿白或浅黄褐色的马裤，同时着黑靴子。身为军人和警察的运动员可以穿自己的制服。马匹要配英式马鞍，必须有双重的缰绳，马嚼子的直径不能大于 8 厘米，马刺必须是金属的，马的鬃毛可以梳理成辫子，但不允许有其他装饰。

（2）在骑乘时，骑手要精神抖擞。腰部和髋部要保持平衡，上体自然放松且直立，双手放低接近，但相互不接触也不触及马，大腿和小腿连贯且向下伸直，拇指向上，手臂和关节靠近身体。骑手只能用施压和接触的方法控制马，而不能吆喝和喊叫。马的表现应该是高兴和警觉，耳朵向上直立或略向后，头部稳定，尾部轻摆。

（3）裁判的哨声响后，骑手要从标有 A 的地方骑马入口进入场地的中心，在 X 处行礼致意。

（4）骑手要学会放弃。几乎所有的竞技项目都要求选手在比赛中坚持到底，轻易放弃比赛在某种程度上被视作体育精神的缺失，然而出于对骑手和马匹的爱护，马术运动却鼓励骑手在马匹表现失常等情况下能放弃比赛。马术比赛往往伴随着危险，即使是在马术运动水平很高的欧美国家，也经常会发生马术事故。例如，2003 年西恩 · 克里里在比赛中受伤死亡，成为英国和爱尔兰地区第一个死于赛场的马术师；2005 年 7 月，英国著名马术师汤姆 · 哈里迪在一场障碍赛中，他的赛马在跨越第三个障碍时跌倒，哈里迪因为身上多处受伤而死亡；2006 年的多哈亚运会中，韩国 47 岁的马术运动员金亨七在马术三日赛中发生意外，他的头部受到马匹强烈撞击，不幸身亡。所以出于安全考虑，在马术运动中，“尊重骑手，爱护马匹”比比赛的结果更为重要。

（5）观众要文明观赛。众所周知，决定马术比赛成功的关键是马愿意听从骑手的指挥，而实现人马合一的境界。要做到这点，一方面要求选手要有高超的技艺，另一方面还需要观众的配合。因为，马匹是有灵性的活物儿，不是完全可控的机械，当马匹受到惊吓时就有可能变成脱缰野马。因而，为了保持马术赛场上良好的环境，观众必须文明观赛，不以自己的言行破坏赛场秩序。例如，观众不要离开座位或骑在围栏上观看比赛，不要走到运动员出场的地方用手触摸马匹，不要高声喧哗，不要摇摆任何旗帜和饰品，更不要向场地内抛掷杂物。

（6）在马术赛场，观众绝对不要对失利选手吝啬掌声。无论马匹撞杆，还是拒跳，甚至摔倒，在比赛停止以后，观众都要给骑手和马匹报以掌声以示尊重和鼓励。

射　击

项目简介

射击起源于军事和狩猎活动，1897 年举行了第 1 届世界射击锦标赛。射击比赛分手枪、步枪、移动靶和飞碟 4 种类型，因使用的枪支和射击方法不同而又分为若干小项。男子射击于 1896 年被列为首届奥运会比赛项目。1972 年起允许女子参加奥运会射击赛，但不设女子项目，而是与男子同场竞技。从 1984 年奥运会起设部分女子项目，1996 年奥运会，男、女射击比赛完全分开。

射击比赛

1. 手枪射击比赛

男子手枪慢射：用小口径自选手枪对距离 50 米的靶射击 60 发子弹，包括试射在内的总时限为 2 小时。

男子手枪速射：用小口径速射手枪对距离 25 米的靶射击 60 发子弹，每组 5 发，按 8 秒、6 秒、4 秒的射击时间顺序先各射两组，共 30 发子弹，然后再按相同方法进行第二轮 30 发子弹的射击，在规定时间内射完。两组成绩相加之和为总成绩，以总成绩评定名次。

男子气手枪：用 4.5 毫米口径气手枪对距离 10 米的靶射击 60 发子弹，分 6 组，每组 10 发，包括试射在内的总时限为 2 小时 45 秒。

女子运动手枪：用小口径自选手枪对距离 25 米的靶射击 30 发子弹，每组 5 发，共 6 组，每组时限 6 分钟。慢射结束后，用小口径速射手枪对距离 25 米的靶射击 30 发子弹，每组 5 发，共 6 组。慢射、速射成绩之和为总成绩，以总成绩评定名次。

女子气手枪：用 4.5 毫米口径气手枪对距离 10 米的靶射击 40 发子弹，每组 10 发，共 4 组，包括试射在内的总时限为1小时15分。

2. 步枪射击比赛

男子小口径步枪3×40米：使用小口径步枪按卧、立、跪3种姿势的顺序向距离50米的靶各射40发子弹，包括试射在内的总时限为3小时45分。

男子小口径步枪60发卧射：用卧姿向距离50米的靶射60发子弹，包括试射在内的总时限为1小时30分。

男子气步枪60发立射：用立姿向距离10米的靶射60发子弹，包括试射在内的总时限为1小时45分。

女子标准步枪3×20米：用小口径标准运动步枪按卧、立、跪3种姿势的顺序向距离50米的靶各射20发子弹，包括试射在内的总时限为2小时15分。

女子气步枪40发立射：用立姿向距离10米的靶射40发子弹，包括试射在内的总时限为1小时15分。

3. 移动靶射击比赛

以小口径步枪立姿向距离10米的移动靶射击，移动靶多为跑动的猪靶，故又称跑猪靶。早期移动靶安装在滑车上，靠人工带动后的惯性前移，现多为电子操纵。

4. 飞碟射击比赛

双向飞碟：靶场为扇形，有8个射击位置，两端各设一个高、低抛靶房，房内各设一台抛靶机。比赛时，抛靶机向固定方向抛出角度、高度均不同的碟靶，一次抛一靶或双靶。6名运动员为一组，每位运动员从1号射击位置开始，射完规定靶数后进入下一位置，8个位置共射25个靶为一轮。全部比赛男子射125个靶，第一天射75靶，第二天射50靶；女子共射75靶，一天内赛完。

多向飞碟：靶场为长方形，设有15台抛靶机，每3台为一组。抛靶机抛出距离、高度和方向均不相同的碟靶，一次抛一靶。比赛时，6名运动员为一组，轮流进入5个射击位置，每人各射25靶为一轮。每个碟靶可射2发子弹，第一发未射中，可再射第二发。全部比赛男子共射125个碟靶，第一天射75靶，第二天射50靶；女子共射75靶，一天内赛完。

双多向飞碟：靶场同多向飞碟，但只用中间的7、8、9号抛靶机，抛出距离、高度和方向均不相同的碟靶，一次抛双靶。比赛时，6名运动员为一组，轮流进入5个射击位置，男子各射25个双靶，女子各射20个双靶为一轮。全部比赛男子共射150靶，女子共射120靶，均在一天内赛完。

赛场礼仪

射击比赛是一项非常精彩的赛事，虽然没有激烈的对抗性，但是那种环环相扣的紧张刺激还是很吸引观众的。射击比赛容易受外界干扰，结果充满着变数，运动员只有排除一切干扰、心平气和地参加比赛，才有可能取得好成绩。而作为观众，在观看比赛时要与运动员形成一个有机的整体，自觉地遵守射击赛场礼仪，为运动员创造良好的比赛环境。

（1）手枪和步枪比赛在室内进行，对比赛的环境要求很高。在比赛开始前观众应该坐到自己的位置上不要随便走动。在观看比赛时一定要保持安静，绝对不能打手机，不要大喊大叫，也不要来回走动，观众尽量别拍照，即使拍照也一定不能使用闪光灯。当运动员打出好成绩的时候，要做到适度鼓掌，有声势的喝彩和欢呼应该在比赛完全结束以后再进行。

（2）为了保持射击场的安静，观众不要带年龄太小的孩子进入赛场。

（3）飞碟比赛是在室外进行的，基于这项赛事的本身要求，观众应提前就座并禁止来回走动，观众也不能有诸如大幅度地晃动宣传条幅等动作。

射　箭

项目简介

射箭是一项古老的技艺，距今约有28700多年的历史。在原始群居时代，我们的祖先为了生存，发明了弓箭作为狩猎和防御野兽的工具。他们将粗树枝用绳绷弯，做成弓，将细木棍做成箭，用以狩猎和自卫，到石器时代，箭被加上石镞，到后来又出现铜镞、铁镞。

射箭比赛

公元前约21世纪，夏朝建立后，在黄帝与蚩尤的大战中，弓箭成为一种战斗武器。有关射箭的传说很多，如传说唐尧时代，天上十日齐出，晒焦了庄稼，后羿用箭射落九日，又射河伯之目、风伯之膝以及其他危害百姓的怪妖恶兽等，挽救了百姓。

据《太平御览》347卷记载，夏朝已经有了教授射箭的专职教员，同时还有了习射机构——“序”，夏之大学称“序”。《孟子》云：“序者，射也。”说明当时学校习射是教育的主要内容之一。

公元前11世纪，在伐纣和平定武庚叛乱的战争中，弓箭起到了重要的作用。统治者深知掌握武力的重要，制定了射礼、弓制、矢制等。礼仪规定，男子必习射，当时男子不会射箭是一种耻辱。中国古代教育着重“六艺”，即礼、乐、射、御、书、数。

射箭在世界其他国家也极为盛行。据历史记载，欧洲射箭首次比赛于中世纪在瑞士举行，瑞士的民族英雄威廉·退尔是射箭能手。英国的射箭历史悠久，从 1068 年亨利一世开始就有了射箭的制度，成立了射箭团体。1787 年英国成立皇家射箭协会，成为世界上最早的射箭组织，1844 年举行了英国第 1 届射箭锦标赛。

1900 年第 2 届奥林匹克运动会设立了射箭比赛项目。1931 年由英国人发起，组织成立了国际射箭联合会，同年举行了第 1 届射箭世界锦标赛。

射箭场地要求平坦，长约 130 米，宽约 150 米。射箭的器械包括弓、箭、靶。弓由弓把、弓面及一对顶端带环扣的弹性弓翼组成；箭包括箭头、箭杆、箭扣和箭羽；靶可用纸、布或其他材料制成，从外向内由白、黑、蓝、红、金 5 种颜色的等宽同心圆区构成，金色靶心叫“黄心”。射箭时运动员站在距离靶盘 70 米远的地方，将箭射向靶盘，射中金色靶心为 10 环，最外边的一圈为 1 环，依此类推，环数高者取得胜利。奥运会比赛项目有个人赛和团体赛。

赛场礼仪

射箭与射击一样，在过去也是一项贵族运动，那时的人们观看射箭比赛都要盛装出席。现代射箭比赛对观众的服饰没有这样的特殊要求，观众着装整齐即可。在观看射箭比赛时，观众不要大声喧哗，不能打手机，尤其不能在选手表现不好时喝倒彩，也不要在场地里来回走动。一旦出现上述情况，裁判有权勒令不懂规则的观众离开赛场。另外，在运动员瞄准靶心箭未离弦之时，观众一定要保持安静。

由于比赛是在室外进行，观众一定要注意天气变化，做好观看比赛的各种准备。

围 棋

项目简介

被人们形象地比喻为黑白世界的围棋，是我国古代人们所喜爱的娱乐竞技活动，同时也是人类历史上最悠久的一种棋戏。由于它将科学、艺术和竞技三者融为一体，有着发展智力、培养意志品质的特点，因而几千年来长盛不衰，并逐渐地发展成了一种国际性的文化竞技活动。

围 棋

围棋棋盘由横竖各 19 道直线组成，在纵横 19 路棋盘的 361 个交叉点上，黑白双方你来我往，一人一招，可以生出无穷的变化。一局围棋，大致可分为布局、中盘、收官和局终四个阶段。布局阶段是指开始下棋时，双方抢占要点的几十个回合，一般的规律是先占角，再占边，最后争夺中心；中盘是指在布局结束后，彼此着子位置逐步接近，双方寸"地"必争的过程；收官是巩固成果决定最后胜负的阶段，胜负往往在收官阶段决定；一盘棋下到双方都认为无可争之点时，就算全局终了，除一方主动认输外，要通过点目或数子来决定双方的胜负。

分先的对局，为了抵消第一招黑方先下的有利条件，可规定黑方贴出若干子给白方，以求平衡。《围棋竞赛规则》规定：黑方贴给白方 11/4 子（五目半），即终局对黑方占得 184 点为胜 3/4 子，白方占得 178 点为胜 1/4 子。正式围棋比赛中还实行计时，对双方的时限是一致的，超时判负。一方用完了可自由支配的时间，就开始"读秒"，一般是每一步棋的时间不得超过 1 分钟。

赛场礼仪

围棋是一项高雅的竞技运动，围棋对棋手的精神和品格都有较高的要求。下棋的人首先要讲究弈德，在棋艺进步的同时，还要提高自身的品格与修养。棋道中的一条基本原则是"落棋无悔"，棋是自己走出来的，对错都要去接受。过于追求胜负、或者太沉醉于棋局考虑中的职业棋手，可能会犯下悔棋的严重错误，如果是无意的，另当别论，如果是有意去冒犯，这就是对规则、对自己和对手的严重不尊重，也是对弈中最缺乏礼仪的一种行为。

围棋是很讲究礼仪的项目，涉及很多细节。对局前，双方要握手，或点头示意，以表尊重；在对局前猜先时，下手方应请上手方抓白子；下棋时，棋手应保持端正的坐姿，不要歪坐，不要抓子或玩弄棋子；黑棋的第一手棋如果是占角的话，应下在右上角，把距离对方右手最近的左上角留给对方，表示对对方的尊敬；对局前下手方应主动整理棋具；对局时，如对手因故离席，回来时自己有告诉对方棋下在哪里的义务；局后，胜方不可沾沾自喜，败方也不应拂袖而去，双方应收好棋子，整理好棋具方可离席。

观看棋类比赛时，观众应遵循"观棋不语真君子"的原则，要保持现场绝对的安静，不能大声喧哗，不能为棋手出招或对棋手的棋艺指指点点。现在通讯技术非常发达，棋手和观赛的人都会佩挂手机，对弈开始之前，观众一定要关闭手机或将手机设在振动状态。棋手绞尽脑汁思考问题的时候，手机铃声响起，会严重地干扰棋手对弈，这是非常不礼貌的行为。

保龄球

项目简介

保龄球运动被誉为人类历史上最古老的运动之一，其历史最早可以上溯到距今 7200 年前。1920 年，英国考古学家佩德里爵士在公元前 5200 年的古埃及墓道遗迹中发现类似现在保龄球运动的大理石球和瓶，这个游戏的玩法是用球投向石瓶，将石瓶击倒，这与现代保龄球的用具与打法十分相似。

保龄球

现代保龄球运动起源于公元 3 ~ 4 世纪德国的“九柱戏”。当时的天主教徒在教堂的走廊里安放木柱以象征异教徒和邪恶，以石球滚击之来赎罪、消灾和辟邪。至 14 世纪，九瓶制保龄球游戏逐渐发展成为欧洲民间的体育运动。

17 世纪，荷兰移民将九瓶制保龄球带到了美洲，18 世纪末到 19 世纪初，美国人对九瓶制保龄球进行了改革，创立了十瓶制保龄球。1875 年世界上第一个保龄球协会成立，规定了球道的长度和球瓶的大小，为保龄球成为正规的体育运动奠定了基础。1895 年，在美国成立了美国保龄球总会（ABC），1916 年成立美国女子保龄球总会（WABC），1935 年成立了美国青年保龄球总会（YABC），从而推动了保龄球运动的普及和传播。1952 年，国际保联（FIQ）在芬兰成立，下辖世界九瓶保龄球协会和世界十瓶保龄球协会两个分支组织。目前全世界有 80 个国家开展这项运动，有 60 多个国家和地区加入了国际保联。国际保联分美、欧、亚 3 大区域，每年在不同的国家和地区举行一次世界杯赛，每 2 年举行一次区域大赛，每 4 年举行一次世界大赛。1988 年第 24 届奥运会将保龄球列入表演项目，1992 年第 25 届奥运会将保龄球列入正式比赛项目。

保龄球 1 局分为 10 格，每格里有 2 次投球机会，如在第一次投球时全中，就不需要投第二球。每一格可能出现 3 种情况。（1）失球：无论何种情况，在一格两次投球，未能击倒 10 个瓶，此格的分数为击倒的瓶数。（2）补中：当第二次投球击倒该格第一球余下的全部瓶子，称为补中。补中的记分是 10 分加上下一次投球击倒的瓶数。（3）全中：当每一格的第一次投球击倒全部竖立的 10 个瓶时，称为全中。全中的记分是10分（击倒的瓶）加该球员下两次投球击倒的瓶数。但在第10格中情况比较特殊：①如第二次投球未补中，则第10格得分为第9格得分加上第10格所击倒瓶数。②如第二次投球补中，则追加一次投球机会，第10格得分为第9格得分加上10加上追加一次投球击倒瓶数。③如第一球为全中，则追加两次投球机会，第10格得分为第9格得分加10再加上追加投球击倒的瓶数。因此从第1格到第10格的两次追加投球，都为全中，则为12个全中，得分为满分300分。

赛场礼仪

保龄球是一项绅士运动，也是群众比较喜欢的体育健身项目，打保龄球要遵守以下15条公认的球场礼仪：不可以随便地进入投球区；进投球区时，必须更换保龄球专用鞋；只使用自己选定的保龄球；等到瓶完全置完之后再投球；不要进入旁边的投球区；先让给已经准备好投球姿势的人投球；同时进行投球动作的情况下，由右边的人先投球；在投球区，投球的预备姿势不可以太久；投球动作结束后，不可以长久地站在投球区；不可投出高球；不可打扰正在投球人的注意力；不在投球区挥动保龄球；成绩不好时，不要怪球道情况不良；不可批评别人缺点；不可把饮料洒在投球区。

台　球

项目简介

台球起源于17世纪的西欧，那时候，台球是法国与英国王宫贵族的时尚游戏。19世纪初，台球运动开始走向成熟，在技术提高的同时，设备用具也随之发展。1827年，石板台面取代了原来的木质台面，1835年弹性优良的橡胶台边取代了木质台边。法国人米佳发明了皮革杆头，随后英国人又发明了“巧克粉”，以免杆头打滑，最终球星卡尔创造的旋转球打法，开辟了台球技艺的新天地，使台球运动无论在艺术上或技术上都更为新颖玄妙、引人入胜。

英式斯诺克是当今世界台球运动的主流。据传，斯诺克台球是由一名驻扎在印度的英军青年从三球台球改进而来的。最初增加了1个黑色球，后来又加了1个粉色球，随着彩球数的增加，丰富了玩球的方法。后来又

台　球

连续增加了几种不同颜色彩球，球数达到22个，其中有15个红色球，6个不同颜色的彩色球和1个白色主球，并且还制订了一套比赛方法和规则。

斯诺克球台长12英尺，宽6英尺，共有6个落袋。台面上的白球为“母球”，亦称“主球”，用它来击打红球与彩色球落袋得分。每个红球分值为1分，6个彩色球中分值最高的是黑色的7分球，彩色球落袋后将会放置到台面的指定位置。选手击落1只红球才能获得击打彩球的权利，无球落袋与出现犯规则交出球权。

顶尖斯诺克高手之间的对抗往往围绕着黑色球进行，大师级的球员可以做到“一杆清台”，并且打满147分。除了进攻，防守也是斯诺克比赛的精髓，斯诺克的含义即为“障碍球”，在没有良好进攻机会的情况下，选择防守最为稳妥，如果能再给对手制造一个斯诺克，也许就能反客为主。高手在制造与破解斯诺克的时候，具有极大的观赏性。斯诺克的最高级别比赛是世界锦标赛。

赛场礼仪

台球起源于过去的王宫贵族，因而在台球场上有着很严格的礼仪要求，早在18世纪的英国，对于参加台球活动的人就有了详细的礼仪规定，直至今日，斯诺克台球的礼仪与风度依然是这项运动的魅力。

在正式比赛的场合，台球选手需穿衬衫、马甲、西裤、皮鞋，并佩戴领结。台球运动被称为“无声的争斗”，参赛选手除了与裁判进行必要的交流，其他时间要保持沉默，这条由来已久的规定至今仍在沿用。在比赛开始和结束时，选手要和对手、裁判握手。无论何时，选手都要将自己所有的犯规行为进行申报。

在比赛开始时，双方通过抛硬币决定谁先开球，需要注意的是，选手不要在台球桌面上旋转硬币，以免损坏台布。当一方击球时，另一方不能站在对手的击球线上，不能站在对方的瞄准方向，更不能对视、干扰对手。击球的选手至少要有一个脚尖接触地面，不能双脚离地。在某盘或某场比赛中，当选手击失一杆或对手仍在台面击球时，不能认输，等到对手击完球后，方可认输。

观众在观看台球比赛时，要保持安静，不能大声喧哗，不要打手机，严禁使用闪光灯照相。在比赛结束前，不能随意走动。观众的喝彩与鼓掌要在恰当的时机送出，如在选手结束击球之后或经过选手连续进攻，台面上剩下的分值让对手已回天乏术时，在参赛选手比赛中积分达到100分时，在参赛选手一杆打满了147分时，观众都可给以热烈的掌声，但在球手思考或正在击球时禁止喝彩和鼓掌。

高尔夫球

项目简介

高尔夫球运动的名称 Golf 来自苏格兰的方言 Gowf，意为“击、打”。高尔夫球是一项具有特殊魅力的运动，它是人们在天然优雅的绿色环境中，锻炼身体，陶冶情操，提高技巧的活动。

关于高尔夫运动的起源有种种不同的说法。

近年国内一些学者认为高尔夫球运动起源于中国。其理由是：早在苏格兰打高尔夫球之前，中国就有一种称“捶丸”的游戏。游戏方法据元初宁志老人著的《丸经》2 卷中介绍，类似于现在的高尔夫球。其玩法是在旷地上画一球基，离球基数十步至百步作一定数目的球窝（洞），当时称之为“家”，旁边树彩旗，以木质球置于球基处，用下端弯曲木棍击球进球窝（洞）。“捶丸”这种游戏不论从设施和玩法上都酷似今日的高尔夫球运动。

高尔夫球

也有人认为是古罗马军团把原始的高尔夫球带到英格兰和苏格兰的，原因是公元前 27 年至公元 395 年的古罗马有一种以木杆击打用羽毛充塞制成的球的游戏，这种游戏的打法和现在的高尔夫球打法类似。

现广为流传的说法是高尔夫球起源于 14 世纪的苏格兰，迄今为止已有 600 多年的历史。据说当时一位苏格兰牧人在放牧时，偶然用一根棍子将一颗圆石击入野兔洞中，从中得到启发，发明了后来称为高尔夫球的运动。率先涉及打高尔夫球的是苏格兰北海岸的士兵，后来逐渐引起宫廷贵族和民间青年的浓厚兴趣，最终成为苏格兰的一项传统项目，尔后传入英格兰。19 世纪末高尔夫球传到美洲、澳洲及南非，20 世纪传到亚洲。由于打高尔夫球最早在宫廷贵族中盛行，加之高尔夫球场地设备昂贵，故有“贵族运动”之称。

高尔夫球场一般设在丘陵地带开阔、缓坡的草坪上。标准球场长 400.80～59413.60 米，宽度不定，占地面积约 60 公顷。球场划分为 18 个大小不一、形状各异的场地，每个场地均设有开球台和球洞，18 个场地通常称为 18 个洞。以第 1 洞的开球台为起点，以设在果岭上的第 18

洞为终点。打球从进入1号洞开始，依次打完18号洞，称为一场球。每个洞的距离长短不一，近则约100码，远则达600多码。每个洞的标准杆数取决于该洞场地的大小。美国高尔夫球协会对标准杆有如下规定：男选手标准杆，250码之内的洞为三杆，251码至470码为四杆，471码以上为五杆。女选手的标准杆，210码之内为三杆，211码至400码为四杆，401码至575码为五杆，576码以上为六杆。高尔夫球比赛有团体赛和单打比赛两种形式。团体赛按洞计分，在一场比赛中，赢得洞数最多者为胜。在单打比赛中，以打完一场球累计击球次数最少者为胜。目前，最著名的高尔夫球赛有不列颠列岛公开及业余锦标赛、美国公开赛及业余赛、职巡高尔夫球协会与斯特斯锦标赛。

赛场礼仪

高尔夫运动经过500多年的发展，形成了“自律、自尊、礼让、宽容”的绅士文化。每一位球手和观众都应尊重这种文化，并能遵守相应的礼仪。

1. 球员礼仪

(1) 要注意安全。安全在高尔夫运动中是如此之重要，以至于高尔夫规则和礼仪都将其列在开篇的首要位置。如果球员对球和球杆的坚硬程度没有足够的认识，球场将会变成一个危险之地。因此球员应予以高度重视，做到：不要对着有人的地方击球或练习空挥杆，因为击出的球或无意间打起的石块、树枝和草皮有可能打中他人；不要在有人走过身旁的时候挥杆，也不要在别人挥杆时从其身旁走过。

(2) 服饰礼仪。球手要爱护球场，上场时要穿专用的高尔夫鞋。在高尔夫球场上，球手要穿有领子的运动衣或衬衫，穿比较正统的长西裤或短西裤，不能穿无领上衣和牛仔裤。如果天气较冷，则可穿质地较好的休闲西装或夹克衫。打球时，有一只手须戴上质地柔软的薄手套，以避免手掌与球杆猛烈摩擦时受伤。PGA巡回赛（美国职业高尔夫球协会主办的高尔夫顶级赛事）有一项一成不变的禁令：在正式比赛场合，选手不准穿短裤上场，理由是穿长裤能保持高尔夫球是一种绅士运动的地位。1992年在弗吉尼亚州威廉斯堡帝王磨房高尔夫俱乐部举行的安豪泽布什精英赛上，职业选手马克·韦伯面对39℃的酷暑天，认为凉快舒适比传统习俗更重要，穿上短裤便上场。结果，韦伯被罚款500美元，理由是无视规矩，表现失态。

(3) 球场礼仪。球手要及时到达预定的开球区，但不要在开球区练习挥杆；爱护球场，不移动草皮损坏发球区；尊重球场上的其他球手，就像自己希望被别人尊重一样，在别人瞄球或击杆时，不能随意走动、说话或者站在球或洞的附近干扰和妨碍击球者；球手要始终做好打球的准备，不要耽误比赛；球手击球后，立刻离开球座径直走到球落点处，轮到再次击球时，应立即行动，不能耽搁时间；如果其他球手准备在相邻的任何果岭上推杆，则不要做击打动作；推杆前，把手推车放在果岭旁边，最好是放在下一个开球区旁边的区域；如果自己或自己的小组被迫寻找丢失的球，在寻找之前应邀请下一组击球。

2. 观众礼仪

在美巡赛的一次赛事中，“老虎”伍兹在第 18 洞准备全力出击，然而就在他挥杆时，一名观众按下了相机的快门，寂静中的噪声扰乱了伍兹的心神，这次击球失误了，气急败坏的伍兹愤怒地瞪着肇事者，他的球童则扑上前去抢下相机扔进了池塘！很难简单地判断这件事情孰是孰非，因为事实上双方都是“受害者”，但是职业选手发出的“拜托，不要在挥杆时按动快门”的请求却是由衷的。

高尔夫是一项文雅的运动，要遵守很多的规则。观看高尔夫赛事的观众也一样，也应该知道相关的礼仪，以免影响球员的发挥。

服饰礼仪：高尔夫运动被称为贵族运动，不仅参赛的选手要穿专业的服装，在现场观看的观众也有一定的服装限制。对于高尔夫观众来说，符合标准礼仪的衣着应该是有领 T 恤，休闲裤和平底鞋。高尔夫的禁忌是高跟鞋，因为高跟鞋会对球场的草皮造成严重的损害，而且在比赛的时候，高跟鞋在球场地面上的踢哒作响，也是一种不礼貌的行为。因此看比赛之前，换上平底球鞋应该是基本的礼貌。

观赛礼仪：在选手挥杆和推杆的过程中，观众要保持绝对安静。在一些规定严格的比赛上，普通观众不能携带手机和相机进入比赛区，即使是专业的摄影师在球场上也不能够在选手正式挥杆的时候拍照。赛事单位为了规范观众看球的路线，会提前用围绳把球道和果岭围起来，观众在观看比赛时要在围绳外观看，不能进入选手比赛的球道。

参加邀请赛的 N 条规则

参加高尔夫的邀请赛有很多讲究，如果违例，将大大有损绅士形象。

参加比赛的方式有很多种，一些可以公开报名参加的比赛，只要符合比赛规程规定的条件即可参加；但如果是邀请赛之类的比赛，你就要注意了，因为这里面的学问还真不少。

1. 如果没有被邀请

尽管你很想参加比赛，但你首先应当明确你是否在被邀之列。如果没有收到邀请，那么你有两个选择，一是保持沉默，不要到处找关系，想办法；二是与赛事组织机构联系，说明自己希望参加比赛的想法，并了解“等位”事宜。

所谓“等位”就是，一般的邀请赛所邀请的嘉宾中，总会有一些人因为各种原因在当天突然决定放弃比赛，这样就会富余出些许名额（一般的邀请赛的人数都是固定的），如果你运气好，很快就会被安排上场。当然，要“等位”，一定要提早到达球场，并事先与组织机构约定以明确意愿。另外，提前确认一下“等位”人数也是必要的，因为如果你前面已经有很多人在等，那最好不要再浪费时间了。

2. 如果被邀请

如果你很荣幸地接到邀请，要注意不必四处炫耀、宣扬，更不要自作主张呼朋唤友，拉上一群人去捧场，给赛事组织机构带来不必要的麻烦。

收到邀请函后，首先确认比赛的时间、地点是否合适，不论你是否能够参加，都必须在指定的时间内做出答复，以便组织机构安排编组。如果有什么特别要求，如希望提早或推迟发球时间，希望与某某人编在一组等，要事先讲清楚，在不能得到满足时要尊重组织机构的安排。一旦确定参赛，如果没有什么特殊的原因不要随便取消，以免给比赛的组织者和其他参赛者带来不便。

要尊重组织者，编组确定后，要准时到达，不要随便调整。有些朋友十分注重自己的感觉，总是希望和自己相熟的球友一起打球，并因此打乱原来的分组。这时，你是否意识到，那样会给赛事组织者带来多大的麻烦。其实你不妨换种思维方式，如果与你同组的3个球友你都不认识，这不正是一次结交朋友的绝好机会吗？也许一场比赛后，你会有许多意外惊喜与发现，甚至你的生活也会因此发生改变。

邀请赛也要遵守规则，如果赛事组织机构没有特别规定，你可以与同组球友约定一些默契，比如是否给OK的问题。一般的邀请赛相对来讲没有那么严格，球在洞口附近，如果同组人给了OK，那就不用再推了。但如果事先没有约定，或者未经同组人同意，即使球离洞口再近，你也最好还是击球入洞，否则会被认为欠缺修养，不遵守规则，有损身份。

比赛结束后，即使你成绩欠佳，如果没有十万火急的事情，也最好不要一走了之。坐下来等着参加颁奖仪式，不仅是对赛事组织机构的尊重，也是对获奖球友的支持。试想如果你获了奖，而台下只有零零星星的掌声，你心里是什么滋味？

关于参加邀请赛的费用问题，一般仅交报名费即可，但如果球场有收小费的规矩，那么最好还是不要破了规矩。至于数目多少，那就按球场的惯例来了。

需要强调的一点是，没有哪个赞助商愿意为不相干的人买单，也不要把比赛当成拉私关系的庸俗行为，少给别人添麻烦也是一种美德。

观众礼仪

排队入场

在体育场馆的大门口和各通道的检票口，如果进场的观众较多，后来者要自觉按照先来后到的顺序排队入场。观众在排队时不要你推我挤，即使遇到不自觉排队的人也应该保持一种平和的心态，尽量不要与他人发生争执，遇到老弱病残者应主动礼让。

在凭票入场的时候，为了方便工作人员验票和节省时间，观众应提前把票证拿在手里，不要到了检票人员面前再从包里或者衣兜里取。如果是与朋友相约一起看比赛，在进场过程中不要大声喧哗，应该保持良好的进场氛围。在进场时，观众最好不要吸烟和吃东西，免得烟头烫到别人或是食品的残渣碎屑、汁液弄脏身旁观众的衣服。

进场后对号入座

观众在进场前应提早看清票上的座位号，进场后尽快找到自己的座位坐下，等待比赛开始。不要堵在通道上边看票号边找座位，也不要坐别人的座位。

尽管调换座位在生活中很常见，乘车、乘船或看电影都会遇到调换座位的问题，但由于这是一件需要麻烦别人的事情，所以应该尽量避免。在体育场内，如果实在需要调换座位，应在比赛开始前进行，并遵循将好座位留给别人的原则，征询语言要礼貌。别人同意调换则要表示感谢，别人不同意，也要表示理解，不能强迫。

如果观众迟到入场，自己的座位又排在中间，为了不影响其他观众观看比赛，则先不要对号入座，而是找一个靠边的位置坐下来，等比赛中场休息时再找回自己的位置。

配合安检工作

在大型体育比赛期间，为了保证良好的赛场秩序和人身安全，每一个进入赛场的人都要接受安全检查。作为一名合格的观众，要自觉地配合工作人员的安检工作。

配合安检首先要求观众不携带危险品和宠物入场。观众在观看比赛前最好能了解比赛组织者对观众的特殊要求，尽量不带或少带东西，防止在入场时因为带的东西不合规定而影响观看比赛的心情。例如，对于足球这类容易引起球迷冲突的赛事，警方会提醒广大观众严禁携带易燃易爆等危险物品进场；一些大型的充满对抗性的比赛，为了防止比赛双方支持者的冲突，观众也被禁止携带易拉罐、玻璃瓶等进入赛场；有的比赛还禁止观众携带锣鼓、标语、望远镜、挎包、背包和软硬包装饮料等入场。

观众在排队安检时最好提前把钥匙、硬币、电池等可能引发怀疑的物品取出来，以免安检时浪费时间。如果队伍前面有不配合安检的事情发生，后面的观众要保持冷静，耐心等待。在安检时，观众携带的挎包可能会被安检人员打开检查，观众携带的物品也可能会被禁止带入场内而被要求存放在指定地点，这时观众应该主动配合并听从安检人员的指挥，不要与安检人员发生口角甚至由于情绪激动扰乱进场秩序。

进退场时迟到早退很不好

关于看比赛的进退场问题，乍听上去，会显得有些过于细枝末节，但就以往举办的各项赛事经验看来，进退场这个环节经常存在很多问题。

2004 年的雅典奥运会上，开幕式和闭幕式都需要观众提前 3 个小时到场，然后进行一连串的入场准备工作，程序繁复不亚于登机检查。

提前到场、存包、接受安检……仅是入场就有很多需要注意的问题。入场后要尽快对号入座，不要妨碍其他观众。退场时又是一番折腾。

赛场无小事，赛场礼仪更是从这些点滴当中体现无遗。在采访中，一些体育场馆的工作人员告诉我们，在进退场期间，非常容易发生因为次序问题与他人发生争执，或是因为其他琐碎小事大动肝火的事情。双方争得面红耳赤是何苦呢？来看比赛，本来是种享受，没有必要因为进退场等细节问题搞得不愉快。

看比赛时，由于观众人数众多，要想创造良好的秩序，只有一个办法，就是大家按顺序自觉地遵守赛场规则，才能顺利完成这些程序。其实这很简单，只需要多一点耐心、多一点自觉就完全可以办到。良好的秩序是靠大家创造的，不要因为自己的行为而影响其他人。

按秩序进退场，是维护比赛环境的重要环节。

文明观赛事体现在许多细枝末节，观众的文明水平不仅体现在比赛进行期间，在比赛开始的前后，也应该表现出一种良好的礼仪风范。

比赛中观众应遵守哪些礼仪守则

在观摩各类体育比赛中，观众自觉遵循赛场纪律和社会公德，是自身充分享受观摩比赛乐趣，维护全体观众利益，促进运动员发挥各自运动水平所不可缺少的条件。通常，观众应遵守的礼节有：

(1) 观看比赛应提前几分钟入座，不要在比赛开始后才姗姗来迟，这样既不尊重运动员，也影响他人观看比赛。

(2) 逢有贵宾观看比赛时，应热情鼓掌表示欢迎，若身边有外国朋友在场时，应主动站起让座或帮助引路。

(3) 遇有国际比赛，开场前奏国歌时，应肃静起立，不能只顾谈笑或做其他事情，这样既不严肃礼貌，也反映出自己的文化修养水平低下。

(4) 比赛进行中，不要随意在看台上来回走动，或站着观看比赛，这样会影响他人的观摩，也是缺乏礼貌的一种表现。

(5) 比赛尚未终了，不要提前退场。

(6) 比赛结束时，也不要争先恐后地退场，应照顾妇女老幼先走，以免拥挤时发生意外。

(7) 比赛中，要不断为双方运动员鼓励加油，特别当客队占优势或取胜时，不应喝倒彩或者起哄。

观众怎样向运动员表示敬意

观众向运动员热情友好地表达敬意，是使运动员充分发挥运动水平，观众本身也得到观摩比赛技艺最大享受的重要环节和必要的前提。

观众向运动员表示敬意的方法和形式很多。较主要的做法如：

(1) 比赛中，为双方运动员加油鼓劲时，可以呼喊队员或运动队的名称；对精彩的表演可当场报以热烈、长时间的掌声和喝彩声。

(2) 运动员下场时，观众在报以热烈掌声的同时，还可用手指组成“V”字，向优胜队及其队员表示祝贺和敬意。

(3) 在条件许可时，观众也可以与运动员握手表示祝贺。有时，还可自发地组成夹道欢送的队伍，以欢送运动员退场和返回驻地。

但在有些运动项目的比赛中，例如棋类或牌类比赛中，观众则要严格遵守有关纪律，不可随意喧哗，以便使运动员能集中注意力于比赛。而实质上，这也是表示对运动员的尊重。

对手机进行设置

观众进入比赛场馆入座后，最好关闭随身携带的手机，如果确实有重要的事情要使用手机，则要将手机设置成振动状态。在升旗仪式、开幕式、闭幕式、颁奖仪式和重要领导讲话等比较重要的场合上，观众应将手机关闭。

一些室内比赛项目如网球、乒乓球、羽毛球等的比赛场馆是封闭的，室内现场要求相对的安静，因为在这些项目的比赛中，运动员需要高度集中注意力，不能受任何噪音的干扰，否则会影响运动员对来球的准确判断以及对回球的考虑。所以在观看这类比赛时，观众要对手机进行静音设置，避免铃声突然响起而影响运动员的比赛。如果观众确实有急事，可以用手机短信交流，实在不得不接的电话，也应该用手盖住手机，尽量压低音量，千万不要出现铃声响了半天不接或旁若无人地大声接听电话的不文明现象，更不要听到电话铃声就慌慌张张地离席跑到外面去接电话。

在比赛过程中的拉拉队礼仪

在一些体育比赛中，观众自发组成拉拉队，为运动员的比赛助威呐喊，是为了更好地鼓励运动员发挥最佳水平，支持其良好的体育竞赛作风，同时也是为了联络观众与运动员之间的感情。这种做法，体现出广大观众对体育比赛的热情以及本身的文化修养。

拉拉队礼仪

然而，拉拉队要做到文明助威，应注意以下几点：

（1）助威时要有组织、有指挥；

（2）要同时为双方运动员的精彩表演鼓掌喝彩；

（3）使用的口号、标语要有所选择，内容要健康；

（4）若赛场内允许使用锣鼓、乐器等时，要有指挥、有组织地配合比赛节奏进行；

（5）不能无原则地瞎起哄，偏

袒一方队员；

(6) 要遵守赛场纪律和规定，一切违禁物品不得夹带入场；

(7) 不准投掷有可能伤及裁判员或运动员的物品；

(8) 见他人有违纪行为时，要竭力劝阻。

除了以上所说的之外，拉拉队在助威的方法上还要掌握比赛气氛，使用口号、掌声以至锣鼓、乐器时，要注意掌握其快慢和高低响轻，使助威的节奏有张有弛。

观众通常怎样向运动员祝贺胜利

当一场激烈的比赛结束时，也是观众表现欣赏比赛的热情和自己对优胜选手敬意的最高潮。

通常，比赛的优胜者总会受到观众最热烈和友好的祝贺和祝愿。观众表达祝贺胜利的方式也很多，例如以长时间的鼓掌欢送运动员退场；组成夹道欢迎队伍向优胜队致意；当优胜队绕场向观众致谢时，观众可与他们握手，或者投掷鲜花以祝贺胜利；无法与运动员握手的时候，则可以用手指组成“V”字形向运动员贺喜；有时，在一次大赛结束后，观众还可以写信或寄庆贺卡片给优胜者的方式，向运动员倾吐自己喜悦的心情和表示诚挚的祝贺。

胜利的手势

观众如何向贵宾致意

比赛场上，逢有贵宾前来参加观摩时，观众应通过各种方式，主动、热情地表达自己礼貌、盛情和好客的态度。

当贵宾登上主席台，大会主持人向观众介绍来宾时，观众一般应向来宾报以最热烈的掌声，以此来表示欢迎，欢迎掌声应持续到来宾入席就座为止。

有时，观众还可有组织地齐声欢呼贵宾所在国的国名，并配上有节拍的掌声，使贵宾感受到宾至如归的温暖。

作为大会的主办单位，还可以向来宾献上鲜花，以代表大会和全体观众，对贵宾的到来予以热情的欢迎。

正确地鼓掌加油

在观看比赛的过程中，观众经常为运动员的精彩表现而鼓掌，也经常用“加油”来激励运动员赛出好成绩。但观众对运动员的鼓掌和加油不能随心所欲，要遵循一定的礼仪。

（1）运动员出场比赛时，宣告员会逐一宣告运动员的号码，简要介绍运动员包括国籍在内的基本情况，场内的大屏幕也会显示出运动员的号码，当被介绍到的运动员向观众举手示意时，观众应该用热烈的掌声表示对每名运动员的鼓励和支持，对自己特别喜爱的运动员可以表现得更加激情一些。另外，在介绍裁判员时观众也要报以热烈的掌声。比赛结束后，当参赛选手互相握手，选手与裁判员握手时观众也应当给予掌声，这既是对选手们表现的肯定，也是对裁判员工作的褒奖。

（2）观众应热情地为双方运动员的精彩表演鼓掌，为双方运动员加油。在我国举办“苏杯”（苏迪曼杯，世界羽毛球混合团体锦标赛）的时候，现场观众出现了一些不够文明的举止和行为，比如动辄而起的“杀、杀、杀”的呼喊，在对方球员发球时发出的嘘声等。要知道这种类似于“杀、杀、杀”的助威声其实是一把双刃剑，有可能会帮倒忙。因为从观众席上发出的越来越大的助威声、口哨声甚至尖叫声，以及越来越快的喊声有可能会干扰场上球员，打乱参赛选手的作战计划和节奏，这是大多运动员和教练员颇为反感的加油举动。

同样是中国观众，在另一场比赛中的做法值得称道：在2005年上海世乒赛男单1/4决赛中，当丹麦选手梅兹经过艰难拼搏后终于淘汰了中国小将郝帅时，观众席上的掌声经久不息，大家感谢两位运动员奉献了一场扣人心弦的精彩较量；当瑞典名将瓦尔德内尔被白俄罗斯选手萨姆索诺夫以4∶0淘汰时，观众大声呼喊他的名字，并长时间起立鼓掌。这些都体现了中国观众在国际比赛场上的风度。的确，为客队球员的精彩表现鼓掌更能充分体现出观众的文明、热情、礼貌、大国风范。体育竞赛是公平友好的竞争，观看体育比赛既要懂得欣赏竞技之美，也要学会赞叹体育精神的感染力量。

我们说体育运动重要的是参与，无论是胜利者还是失利者，赛场上的每一位运动员都值得观众尊重，而他们在比赛中所展现出的技术水平和拼搏精神，更值得观众们去学习和欣赏。因此作为高素质的观众，既会为本国运动员加油，更会为来自各国的运动员给予鼓励的掌声，这既体现出对体育运动的欣赏性，也表达了对运动员的尊重。如果观众都能有为每一位选手喝彩的胸襟，懂得去欣赏双方的精彩表演，就不会发生诸如对运动员起哄，或者是喝倒彩，甚至扔果皮、矿泉水瓶等不礼貌行为了。

(3) 在某些项目比赛中，观众要学会配合运动员的比赛节奏，适时地进行鼓掌或助威。例如，在体操、射箭、举重、台球等项目上，运动员的发挥是一个完整的过程，在这个过程中，观众任何的鼓掌、呐喊都会分散运动员的注意力，严重的还会造成运动员动作失误、失败而影响比赛结果，因此观众切忌在运动员做动作的过程中加油助威。在网球、羽毛球、乒乓球等球类项目上，运动员在发球和接发球时，需要特别安静的环境，观众不宜在此时发出加油助威声，只有当运动员打完一个球后，才可以鼓掌、叫好，当运动员开始准备下一个球时，观众就应该马上安静下来。又如跳水，运动员在做一个难度系数很高的翻腾动作前，会在跳台或跳板上酝酿一番，让自己的精神高度集中，如果此时观众席上突然出现大声喧哗和掌声，就会干扰运动员的注意力。正确的做法是，观众应该保持最大限度的安静，等运动员跳进水池后再给予掌声鼓励。

观赛时语言文明

去赛场看比赛，经常会看到谩骂的情景，骂客队、骂裁判、骂教练、骂对方拉拉队，还有的观众在看台上打出带有侮辱性的旗帜、标语，甚至有运动员和观众对骂，等等。这些都是语言不文明的现象，不仅给现场运动员和观众留下了不好的印象，而且本身也损害了个人形象，乃至影响到一个城市甚至一个国家的文明形象。

看比赛需要宣泄激情，但是不能让激情淹没在永不止歇的谩骂声中。比赛是运动员竞技的舞台，他们的发挥需要一个良好的环境，我们不能因为“爱之深，责之切”就大骂出口。对客队来说，主队观众首先应该表示尊重，用谩骂侮辱打击客队显得非常失礼。其实反过来想一想，问题就简单多了，如果我们的主队到客场比赛，同样遇到谩骂的情形，那会是什么感受呢？设身处地想一下，我们的肆意谩骂最终只会破坏主队和客队之间的良好关系和比赛气氛。事实上，很多运动员对主场观众语言不文明现象也都比较反感，认为这不仅起不到加油助威的作用，而且谩骂裁判会造成对主队不利。

观赛时自我情感的表达有很多种方式，恣意地发泄虽然可逞一时之快，但是容易造成观赛氛围的恶性循环，即使不干扰比赛，也降低了比赛的欣赏性。试想，我们看电视转播时，如果满耳听到的都是谩骂声，那欣赏比赛的兴致就会大大降低。更严重的是，谩骂甚至会引发赛场冲突和球迷骚乱，而且对城市的文明形象也是一种破坏。

因此我们需要用适当的方式表达激情，在赛场上加油助威也需要讲风格、讲文明。改善观赛环境不是朝夕之间可以完成的事情，但是最重要的，还是需要从我做起，讲究语言文明。

看比赛遇突发事件不要慌

在体育场馆遇到突发事件时你该怎么办？面对这样的情况，大多数人都会感到惊慌失措，不知如何是好。每年全世界因观看比赛，在赛场遇到突发事件而发生意外的例子都有不少，比如观看足球比赛时，因为球迷拥挤或过度激动，而造成球台坍塌或球迷骚动等事件屡见不鲜。在这样的突发事件面前，很多无辜的观众都会被卷入其中，造成伤害。

体育场馆内的突发事件由于其人员密度大、场地拥挤、地形复杂等客观原因，如果处理不当，很容易造成较大程度的伤害。万一遇到这样的糟糕情况，观众们要学会如何正确处理，千万不要因为慌乱，而造成更大的伤害。

一旦遇到这种突发情况，首先要使自己冷静下来，观察旁边是否有需要自己帮助的人，将其保护起来。然后在场馆工作人员的指挥和疏导下，正确、迅速地离开场馆。

在球场遇到突发事件最忌讳慌张。现在国内外的大型比赛前，组织者都会认真地排查每一处可能发生事故的地方，在比赛现场也会有很多工作人员预防和阻止人为造成的混乱，但每年还是有一些体育场馆会出现事故。所以，体育迷应该具备一些防范突发事件的常识和思想准备。

当体育迷走进场馆的时候，就应该留心观察场馆内的安全通道标志，熟悉这些安全通道所标示的逃生通道的位置。如果在体育场馆观看比赛时发生突发事件，大家应该首先听从大会指挥，有秩序地从看台向场地中央疏散，避免盲目的拥挤。

如果人们控制不了自己的恐惧心理，由于慌乱而纷纷乱抢路的话，就会使整个场面乱作一团，极易发生挤压踩踏等伤亡事故。若被卷入混乱的人流中不能动弹时，要尽量采取自救措施。首先要正确呼吸，用背和肩承受外来的压力，随着人流的移动而行动。弯曲胳膊，护住腹部，腿要站直，不要被别人踩倒。最好经常使身体活动活动，特别应该注意不要被挤到墙壁、栅栏旁边去，如有可能，要尽快远离人流。趁早将领带和衬衫解松。手插口袋是极其危险的，双手应随时做好防御的准备。

在处于混乱状态的人群中，最明智的自我防御方法是要与自己的恐惧心理做斗争。在这种情况下，要判断出怎样才能不被卷入混乱的人流中去，要冷静地观察，选定自己的避难路线，然后再采取行动。同时，当看到老人或者小孩的时候，要尽可能地帮助他们离开危险的地方。

真诚尊重残疾人运动员

调查显示，当我们看到残疾人运动员需要帮助时，大多数人都怀有以礼相待或者热情帮助的心愿。但我们也发现很多人在以实际行动帮助残疾人时却常常感到不知所措：过于热情，似乎显露出对弱者的同情；置若罔闻，又显得太冷漠。究竟如何把握以礼相待残疾人的分寸？

平等和尊重应该是最基本的原则。残奥会是我们感受与学习平等对待和真诚尊重残疾人最好的机会。邓朴方曾说过：“残疾人是一个特殊而困难的群体，在他们的生命中，最能显示人的体能和精神在承受种种缺陷的情况下，经过顽强拼搏能够达到怎样的高度。残疾人奥运会是人体潜能的展示，是人类生命力的勃发，也是人类社会爱心的集中体现。”开展残疾人体育运动，不仅能够增强残疾人体质，改善和增强身体的机能，而且残疾人还可以通过意志和体能的较量，向生命的潜能挑战，展示人的创造力和价值。

残疾人运动员在赛场上表现出的不畏艰难、百折不挠、乐观进取、顽强拼搏的精神，对每一个人都是很大的精神鼓励。残疾人运动会最大的意义就是在于促进残疾人与健全人之间的互动，让残疾人跨出融入社会的一大步，同时通过比赛，让人们更多地了解他们、认识他们，从而更多地去关爱他们、支持他们。所以，我们在观看残奥会时，不仅要积极帮助遇有困难的残疾人运动员，更重要的是，像欣赏奥运会一样，为运动员坚持比赛而加油助威，为他们奋勇冲过终点线而欢呼叫好，为他们勇夺第一而给予最热烈的掌声，让残疾人真正感受到平等对待和真诚尊重。

帮残疾人要先征得同意

奥运会比赛，是世界各国运动员比拼实力、交流经验的大平台。在这里，我们可以看到激动人心的各项精彩赛事，并经常为运动员的体育精神所感动。但奥运会赛场并非只为身体健全的运动员所独有，在这个弘扬最高体育精神和人类文明的赛场上，残疾人运动员也同样向全世界展示了他们的勇敢和坚强。

国际残疾人奥委会的目标是：“为残奥会运动员取得杰出的运动成就创造条件，激励和鼓舞世界。”当残疾人运动员在赛场上尽力比拼的时候，他们的每一个动作、每一个成功，都是激励和鼓舞世界的动力。

帮助残疾人

观看残奥会，观众得到更多的是心灵的震撼，为这些身残志坚的运动员的坚持和拼搏所感动。成绩在此时，绝不是关键。

残疾人运动会，需要每一个健全人的配合和鼓励，积极正面地协助他们，是所有观众的义务。比如在一些残奥会项目中，观众需要保持绝对的安静，因为某些运动员完全是靠听力来完成比赛的。另外，在面对那些肢体残疾的运动员时，观众们也要保持冷静和客观，不要因为他们的残疾而发出哄笑或表现出明显的同情。对于意志坚强的运动员来说，这些表现是对他们最大的不尊重。

欣赏残疾人奥运会，对每一个观赛的人来说，都是一件需要严谨对待的事情。因为客观存在的特殊性，我们需要大力配合和理解这些项目所制定出的特殊赛场规则。但更重要的是，要用公平的心态对待每一个残疾运动员。

我们身边生活着不少身患残疾的朋友，每当我们看到这些行动不便的残疾人时，心里的同情感总会油然而生，希望尽自己微薄之力帮他们做些什么。人们想帮助残疾人的这种愿望很值得肯定，但在帮忙之前最好先征求残疾人本人的同意。

残疾人通常都有很强的自尊心，特别是残疾人运动员。他们自己能做的事情不愿意让旁人帮忙，如果在没有征得他们同意的情况下就伸手去帮忙，即使这种做法是出于好心，有时也会伤了他们的自尊心，而且显得非常冒昧。举例说，例如在大街上看到一位盲人，如果想为其领路，就要先走到他身旁轻声询问是否需要帮忙，在得到对方同意后再用标准的方法为其引路——将盲人的一只手搭在自己肩上，然后在其身前缓慢向前行走。

残奥会时，观众可能会在赛场内、景点或是购物场所遇到来自世界各地的残疾人运动员，给予他们充分的尊重也是社会文明程度的体现。无论在什么场合，见到坐轮椅的残疾人运动员都应主动避让，而且亲切地和运动员打招呼，绝不能占用无障碍设施。在与残疾人一起乘坐电梯、公车时，也是让残疾人先上。在电梯里遇到盲人，如果电梯没有楼层语音提示，可以询问他们要到哪一层，待到达后提醒他们。

有些盲人运动员外出需要导盲犬引路，如果在街上遇到这样的情况，千万别因为好奇而去逗、抱或是摸导盲犬，导盲犬不同于一般的宠物，它是盲人的引路工具，如果导盲犬受到惊吓会使运动员没有安全感。

与外国人交往需注意的礼仪

随着我们国家对外开放，国际交往日益增多，我们与外国友人接触交往的机会也越来越多了。但各个国家的语言不同，风俗习惯差别很大，如果我们不懂得招呼外国人的基本礼仪，那么不仅会使对方不高兴，甚至会闹出笑话来。下面就简单说说与西方人交往时需注意的礼仪：

(1) 注意恰当的称呼。按照我国惯例，对外国来宾，一般对男子都统称“先生”，对女子称某某“夫人”、“女士”或“小姐”。对已经结婚的称“夫人”、“女士”，对未婚女子称“小姐”。对一些未知是否结婚的女子也可称“小姐”或“女士”。另外，西方人有一个习惯，都希望自己年轻，他们很忌讳“老”字。所以，见了上了年纪的西方人，千万别叫“老先生”，只叫“先生”就可以了。

(2) 注意礼貌用语的使用。西方人日常使用的礼貌用语很多，如“您好”、“请”、“谢谢”、“对不起”、“打扰了”、“再见”等等，这些都是常不离口的礼貌用语。我们应顺应外国人的习惯与之打招呼和寒暄。一般来说，与西方人见面时，应先说“早安”、“身体好吗”“一切都顺利吗”“好久不见，你好吗”等；对新结识的外国人，可以问：“您这是第一次来我国吗”、“您喜欢这里的气候吗”或者“您喜欢我们的城市吗”；分别时则通常说“很高兴与你相识，希望再有见面的机会”、“再见，祝你旅途愉快，一路平安”、“请向全家问好”等。

(3) 和外宾接触，要大大方方，不卑不亢。如果外宾主动与我们招手、询问、交谈时，不要羞于见人，躲躲闪闪。外宾如出于友好，提出要给我们照相，或与我们合影时，不要故意跑开，如自己不愿意，可以摇手示意，婉言谢绝。

(4) 不要在公共场所围观、尾随外宾；或者当着外宾的面，指手画脚，议论他们的容貌、肤色、服装等。

总之，什么时候都要记住，我们每一个人都在一定程度上都代表着国家和民族的形象。因此，我们要自觉做友好待客、举止文明礼貌的小主人。

观赛后注意事项

在观看比赛的时候，大家最希望

看到的就是运动员们炉火纯青的技艺、精妙无比的配合，但大家也都知道，这些只是观众们视线里的核心议题而不是全部，包括看台在内的整个赛场的环境质量也是影响人们观赛心情的一个重要因素，这有点像人们在就餐的时候除了菜肴的色香味之外，必然还要关注就餐的环境氛围。没有人喜欢坐在满是脚印的椅子上脚踩着别人抛弃掉的饮料瓶、包装袋来欣赏赛场上运动员们的精彩对决，这跟没有人愿意在脏乱差的环境中享用美食是一样的道理。

保持整齐有序的赛场环境

整洁有序的观赛环境靠有素质的观众去创造、维护，观众的良好的观赛习惯需要井然有序的观赛场馆来逐渐规范、塑造。整洁有序的观赛场馆环境与高素质的观众的关系是相辅相成、不可分割的。两者的关系不管是谁先谁后，也不管是谁决定了谁，我们最终都希望自己是那名在整洁环境中享受比赛的幸运观众。但遗憾的是在很多比赛中都能发现不少跟赛场整洁环境相悖的“杂音”：入场、退场时有人在前后排的座椅上践踏前行；喝完了的饮料杯、矿泉水瓶随意丢在脚下；嘴里责怪着在自己的座椅上留下脚印的人，却随手将擦座椅的面巾纸信手一抛……

去现场看过球赛的观众一定都对比赛结束散场时看台上的狼藉深有感触。观众们走了，却给保洁人员留下了一个烂摊子——废报纸、塑料袋、食品饮料包装，还有撒满一地的碎纸片……体育馆的保洁人员在每次大型比赛结束后从看台上清理出来的饮料瓶子、报纸、食物包装袋等垃圾，可以结结实实地装满两个容积大约2000立升密闭式垃圾箱。

而在2002年韩日世界杯上，浩浩荡荡的球迷前去呐喊助威，比赛结束后，数万球迷坐过的看台上，竟然看不到一片纸屑，一点垃圾，一丝污迹，就是因为球迷个个带有垃圾袋，将垃圾一点不剩地随身带走。有的球迷甚至因为离场后发现少了一个垃圾袋，还要回去寻找，直至找到为止。细微处见精神，在比较之下，不难发现，我们的观众在“环境”意识等方面还有很多亟待改善之处。

许多比赛场馆都有禁止带食品及饮料的规定，但场内却很少能买到食品和饮料，有些观众便在进场时把食品和饮料藏在包里逃过了工作人员的检查，而由于赛场看台空间有限又没有垃圾箱，以至于观众把食品饮料包装扔在地上。还有一些观众把一些带壳食品拿进赛场吃，并把壳儿扔在地上，殊不知这些碎垃圾清扫起来十分费劲。

保持赛场内良好的卫生条件，固然需要有观众们良好的自觉性做支撑，还需要赛事主管部门的正确引导。2002 年的韩国釜山亚运会上，韩国方面制订了详细计划，并采取了严密措施，全力创造一个干净、整洁的绿色亚运环境，其中各比赛场馆都禁止使用一次性的纸杯、饭盒和塑料袋等物品，禁止带入盒装方便面等带有汤水的食品。到赛场的观众必须到餐厅或小卖部内部食用方便面等食品，不允许在看台上大吃大喝；在所有比赛场馆内，包括观众席和卫生间内一律禁止吸烟，烟民们必须到指定区域去喷云吐雾；各类进出比赛场馆的人士在领取赛事指南或宣传海报后，如不再需要，必须带走或丢弃在垃圾箱内，不得放在座位上或随地乱扔；每场比赛结束后，场地大屏幕上都会显示“清扫自己周围垃圾”的英文字样，所有观众都必须按指示将自己的垃圾收到垃圾袋内带走或扔到垃圾箱内；在比赛场馆内外严禁随意丢弃饮食废弃物。